LUIS TEICHMANN

EINSATZ AM LIMIT

LUIS TEICHMANN
mit Alexandra Fabisch

EINSATZ AM LIMIT

Was im
Rettungsdienst
schiefläuft –
und warum
uns das alle
angeht

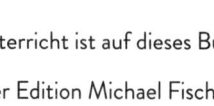

Bei der Verwendung im Unterricht ist auf dieses Buch hinzuweisen.

echtEMF ist eine Marke der Edition Michael Fischer

4. Auflage
Originalausgabe

© 2022 Edition Michael Fischer GmbH,
Donnersbergstr. 7, 86859 Igling

Covergestaltung: Silvia Keller, unter Verwendung eines Motivs von © privat
Redaktion: Viktoria Hausmann
Layout/Satz: Zoe Mitterhuber
Gedruckt bei GGP Media GmbH,
Karl-Marx-Str. 24, 07381 Pößneck

ISBN 978-3-7459-1022-3

www.emf-verlag.de

Für dich, Tante Lotte,

deine Unterstützung ist unschätzbar

INHALT

BEVOR ES LOSGEHT

Im Rettungsdienst arbeiten bundesweit derzeit 79 000 Beschäftigte, ich bin einer von ihnen.[1] Wir sind für 83 Millionen Menschenleben da: Tag und Nacht. Wie ein Sicherheitsnetz fangen wir Sie auf, wenn Sie fallen: sei es beim Radunfall auf dem Weg zur Arbeit oder beim Sturz der Jüngsten vom Klettergerüst.

Doch trotz Blaulicht und Signalfarben führt unser Berufsstand ein Schattendasein. Jeder hat zwar eine Vorstellung davon, was der Rettungsdienst tut, aber nur die wenigsten wissen, was er wirklich kann. Und wozu er nicht da ist. Was die Retter tagtäglich leisten und wo sie Unterstützung brauchen. Über all dies möchte ich in diesem Buch berichten.

Wenn ich von *dem Rettungsdienst* rede, mag das vielleicht klingen, als meine ich damit eine große Einheit. Und ja, natürlich halten wir Retter fest zusammen. Doch wie Sie bald lesen werden, hat der Rettungsdienst viele Facetten. Es gibt freiwillige Rettungskräfte, jene, die der Feuerwehr angehören oder bei privaten Leistungserbringern beschäftigt sind, und die, welche von den staatlich anerkannten Hilfsorganisationen kommen. Allen Besonderheiten gerecht zu werden, ist schlicht unmöglich. Auch spreche ich von Patienten, Notfallsanitätern und Ärzten, meine damit jedoch Frauen wie Männer und auch Personen mit nicht-binärer Geschlechtsidentität. Trotz allem habe ich mich bemüht, die Realität möglichst genau abzubilden. Zumindest aber stets *authentisch*.

Erlebnisse und Geschichten aus meiner Berufslaufbahn werden erzählt, aber auch Hörer meines Podcasts und Follower kommen zu Wort. Dabei habe ich streng darauf geachtet, dass keine Persönlichkeitsrechte verletzt werden. Weder Namen noch Orte werden genannt, doch vielleicht erinnert sich der eine oder andere Kollege an den Einsatz, den ich beschreibe.

Denn unser Job ist nicht wie jeder andere, und vieles von dem, was wir in unseren Diensten sehen und fühlen, bleibt für immer ein Teil von uns.

Und so sind auch einige Themen, die ich hier anspreche, sehr sensibel, wie der plötzliche Kindstod (S. 64 – 72) oder Selbstmord (S. 152 f.). Entscheiden Sie selbst, ob Sie diese Seiten lesen möchten.

Für uns Retter gehören Schmerz und Leid zum Arbeitsalltag, den ich Ihnen in den folgenden Kapiteln mit all seinen Schattierungen skizzieren möchte: was uns bewegt, was uns verzweifeln und hoffen lässt, warum wir manchmal alles hinschmeißen wollen und wofür es sich lohnt, weiterzumachen.

WER RETTET DEN
RETTUNGSDIENST?

Dieses Buch hätte ein Buch werden können, wie es viele andere bereits gibt. Eine unterhaltsame Sammlung von Einsatzberichten, die versucht, alles bisher Erzählte zu überbieten und noch kuriosere, lustigere oder traurigere Geschichten zu bringen.

Ich selbst habe früher auch Bücher und Sendungen aus dem Rettungsalltag verschlungen: Die Männer und Frauen in Warnkleidung erschienen mir fast wie Superhelden. Seit ich allerdings selbst im Rettungsdienst arbeite, weiß ich: Das ist nur die glänzende Spitze eines Eisbergs. In diesem Buch werden wir einen Blick unter die Wasseroberfläche werfen und in die Tiefen des Rettungsdienstes vordringen. Dahin, wo es dunkel und schmutzig ist.

Ich weiß nicht, wie oft ich schon die Faust in der Tasche geballt habe, weil ich mir dachte: Das ist doch nicht meine Aufgabe als Rettungssanitäter! Wie oft ich voller Wut nach einem Dienst nach Hause gekommen bin, weil Dinge passiert sind, die ich niemals für möglich gehalten hätte. Wenn ein junger alkoholisierter Kerl sich von uns bedienen und tragen lässt, nur um dann nach meiner Kollegin zu spucken, frage ich mich: Warum tun wir uns das eigentlich an? Ist das noch der Job, für den wir einst brannten? Nein, es ist dessen Schattenseite, die immer größer zu werden scheint. Und diese möchte ich hier ausleuchten.

Aber erwarten Sie keine exotischen Geschichten, die Sie bei der nächstbesten Grillparty zum Besten geben könnten oder die Sie entspannt auf dem Sofa lesen, dabei schmunzeln und sich freuen, dass Ihnen noch nie so etwas passiert ist: Ich denke da an Klassiker wie Sexunfälle oder Alkoholvergiftungen.

Zwar werde ich hier auch von meinen Erfahrungen im Dienst berichten und Fallbeispiele bringen, um Ihnen einen Einblick in den Alltag eines Rettungssanitäters zu geben. Ich würde mir jedoch wünschen, dass Sie nach der Lektüre dieses Buches vermeintlich lustige Anekdoten aus dem Rettungswesen mit anderen Augen sehen und vor allem mit folgender Frage im Hinterkopf lesen: Warum fährt zu solch einem Einsatz ein 150 000 Euro teurer Rettungswagen mit jeweils einem Notfall- und Rettungssanitäter an Bord, ausgebildet für nicht mehr und nicht weniger, als *Leben zu retten*?

Doch genau das passiert tagtäglich. Wir hetzen mit Notfallrucksack zu Schürfwunden und schleppen Tragen in den vierten Stock zu Patienten mit leichtem Fieber, die überallhin ohne Unterstützung laufen können, nur nicht zum Hausarzt.

In solchen Momenten komme ich mir manchmal wie ein Pilot vor, der am Check-in sitzt, obgleich er doch eigentlich fliegen wollte. Dafür wurde er ausgebildet, das ist sein größter Traum. Doch nun hebt er lediglich hin und wieder ab, die restliche Zeit verbringt er am Schalter und hilft beim Betanken und Beladen der Flugzeuge. Können Sie sich vorstellen, wie frustrierend das ist? Für eine gewisse Zeit mag das vielleicht okay sein. Aber irgendwann kommt der Punkt, an dem sich jeder in dieser Situation die Frage stellen würde: Warum habe ich eigentlich eine Ausbildung zum Piloten gemacht, wenn ich hauptsächlich Aufgaben nachgehe, die nichts mit dem Fliegen zu tun haben?

Trotzdem verlangt man von ihm, stets bereit zu sein, auch Langstreckenflüge mit Turbulenzen zu meistern und dabei alle Passagiere sicher ans Ziel zu bringen. Aber nach dem Nachtflug im Gewitter mit Notlandung und Verletzten gibt es keine Pause, keine Zeit, das Erlebte zu verarbeiten. Es geht sofort weiter am Check-in, wo er sich beschimpfen lassen muss, weil kein Fensterplatz mehr frei ist. Diese Kontraste auszuhalten ist schwer.

Doch genau so ist es im Rettungswesen. Wir sind die Piloten am Boden der Realität, transportieren Koffer auf Tragen statt beatmeter Patienten. Sind rund um die Uhr einsatzbereit für Einsätze, die keine sind. Opfern unseren Schlaf für Partygänger, die kein Morgen kennen, und machen unsere Rücken krumm für eingewachsene Zehennägel. Und dazwischen die krassen Momente, auf die uns keiner vorbereitet und nach denen uns niemand auffängt. Das alles ist der Rettungsdienst heute.

Dass ich so was mal sagen oder gar schreiben würde, hätte ich nicht gedacht, als ich vor acht Jahren das erste Mal in einen Rettungswagen stieg. Damals war alles neu und aufregend. Ich war achtzehn, hatte mein Abi frisch in der Tasche und wollte, bevor ich mit dem Medizinstudium begann, noch etwas Lebenserfahrung sammeln. Also entschied ich mich für ein Freiwilliges Soziales Jahr (FSJ) und landete beim Rettungsdienst. Meine Affinität zum Gesundheitswesen wurde seinerzeit von meinem Cousin getriggert, der während seines Zivildienstes eine Ausbildung zum Rettungsassistenten gemacht hat, dann Medizin studiert hat und mittlerweile Oberarzt in der Unfallchirurgie ist.

Während des FSJ wurde ich zum Rettungssanitäter qualifiziert. Damit erhielt ich die Befugnis, als Transportführer auf einem Krankentransportwagen (kurz KTW, befördert nicht akut Verletzte oder Erkrankte) und als Fahrzeugführer auf einem Rettungswagen (kurz RTW, ausgestattet für die Versorgung und den Transport von Notfallpatienten) tätig zu sein. Das bedeutet, dass man als Transportführer primär die Patienten betreut und als Fahrzeugführer in erster Linie für die Verkehrstüchtigkeit des Wagens und das Fahren verantwortlich ist. Keine leichten Aufgaben für jemanden, der frisch aus der Schule kommt. So früh und so schnell erhält man in nur wenigen Berufen derartig viel Verantwortung.

Dies ist möglicherweise einer der Gründe, warum viele FSJler länger beim Rettungsdienst bleiben als geplant. Das eigenständige Handeln stärkt das Selbstvertrauen und das Gefühl, etwas bewirken zu können. Jeder muss mit anpacken, und zwar von der ersten Minute an. Schließlich ist man nur zu zweit unterwegs. Das schweißt zusammen. Und, man mag es als Außenstehender kaum glauben, eine stressige Zwölfstundenschicht gemeinsam zu rocken kann richtig Spaß machen. Langweilig wird es auch nie: Bei jedem Einsatz wird man mit einer unbekannten Situation und Umgebung konfrontiert, in der man die individuellen

Bedürfnisse des Patienten erkennen und behandeln muss. Insbesondere wenn man auf einem Krankentransportwagen eingeteilt ist, weiß man nie, wohin es einen verschlägt: Vielleicht eine Verlegung zu einem Flughafen oder in eine andere Stadt?

Diese Abwechslung – sowohl räumlich, zeitlich wie auch bezogen auf die Patienten mit ihren unterschiedlichen Erkrankungen – macht aus meiner Sicht den Reiz des Rettungsdienstes aus. Ich würde sogar so weit gehen, ihm eine beinahe *magische Anziehungskraft* zuzuschreiben.

Zudem hat er die Fähigkeit, aus unerfahrenen Schulabgängern in Lichtgeschwindigkeit gestandene Erwachsene zu machen. Ich kann mich noch gut an meine eigenen Zweifel erinnern und an die vieler Kollegen, wie wir uns alle mit einem mulmigen Gefühl im Bauch die gleiche Frage stellten: „Ob ich es wohl schaffe, als Transportführer die ganze Verantwortung zu tragen?"

Doch ab dem Tag, an dem wir es wurden, zeigte sich rasch eine Veränderung: Das zunächst schüchterne Auftreten wurde innerhalb kurzer Zeit souverän, für Vorbehalte war kein Platz mehr, jetzt hatte man zu funktionieren und musste Entscheidungen treffen. Das stärkt das Rückgrat. Und zwar nachhaltig.

Doch diese Medaille hat wie alles im Leben eine Kehrseite.

Wenn ich, vielleicht etwas schroff, daheim von meinen Einsätzen erzähle, bemerkt meine Mutter ab und an mit einem Augenzwinkern: „Bevor du zum Rettungsdienst gegangen bist, warst du so ein lieber Junge!"

Ist dem so? Ich selbst kann es nur schwer sagen. Manchmal habe ich das Gefühl, dass mich durch das, was ich in diesem Beruf erlebe, nur noch schwer etwas beeindrucken kann. Das ist vielleicht vergleichbar mit dem, was ein Psychologe berichtete, den mein Kollege Christian Manshen und ich zu Gast in unserem Podcast *Retterview* hatten: „Wenn ich viele schwer depressive Patienten therapiert habe, muss ich aufpassen, dass ich dies nicht mit nach Hause nehme und über das vergeigte Abschlusszeugnis meines Sohnes denke: „Ach, was ist das schon im Vergleich zu den Lebensgeschichten und dem Leid meiner Patienten."

Und auch ich ertappe mich zuweilen dabei, wie ich bei einer leichten Verletzung im Freundeskreis denke oder gar sage: „Ich bitte dich, selbst für eine Ameise ist dieses Tröpfchen Blut nicht kreislaufrelevant. Entspann dich mal!"

Doch für mein Gegenüber ist die kleine Schnittwunde vielleicht gerade wirklich schlimm, weil er oder sie kein Blut sehen kann. Das schafft auf zwischenmenschlicher Ebene ganz neue Baustellen, die ich vor meiner Zeit beim Rettungsdienst nicht kannte. Und es gibt noch viele mehr, über die ich in diesem Buch berichten werde.

RISIKOFALL RETTUNGSDIENST

Dass das Rettungswesen Optimierungspotenzial hat, habe ich relativ schnell bemerkt. Ein Problem, welches mir bereits nach wenigen Monaten auffiel, war der Umgang mit dem sogenannten *Risikofall*. Das bedeutet: Es gibt mehr Notrufe als Rettungswagen. In meinem Dienstbereich wurde es seinerzeit so gehandhabt (und mancherorts ist es immer noch so), dass eine zusätzliche Rettungswagenbesatzung in *Bereitschaft* war, die im Risikofall alarmiert wurde. Da diese Crew nicht auf der Wache war, musste es eine Vorlaufzeit von einer halben Stunde geben, bis die Rettungskräfte einsatzbereit waren.

Dieses System führte wiederkehrend zu folgendem Phänomen: Der erste diensthabende RTW fuhr zu einem Einsatz, dann der zweite und so weiter, bis kein regulärer Rettungswagen mehr verfügbar war. Jetzt wurde die Bereitschaft alarmiert und war in dreißig Minuten startklar. Und nun? Vielleicht können Sie sich vorstellen, was in der Zwischenzeit passierte. Richtig: Der erste Rettungswagen hatte seinen Einsatz beendet und meldete sich wieder frei. Ergo wurde die Notfallbesatzung nicht mehr gebraucht und durfte wieder nach Hause gehen. Super. Und dafür hatte man seine Pizza kalt werden lassen!

Ich dachte mir damals regelmäßig: Warum alarmiert man die Rufbereitschaft nicht früher? Dann wäre sie da, wenn sie gebraucht wird und nicht eine halbe Stunde danach.

Mein Unmut über diese suboptimale Situation bestärkte mich in dem Wunsch, etwas zu verändern, das System besser zu machen!

Aber dafür muss man die Strukturen genau kennen und die Abläufe theoretisch wie praktisch begreifen. Dies führte mich geradewegs zu dem Studium, das ich mittlerweile mit einem Master abgeschlossen habe: *Rettungsingenieurwesen*.

Den Plan, Medizin zu studieren, hatte ich inzwischen verworfen. Die Anatomie des Rettungswesens zu lernen, schien mir mit Abstand spannender. Möglicherweise liegt mein Interesse an Daten, Fakten und logischen Zusammenhängen auch in meinen Genen, denn meine Eltern haben beide Ingenieurswissenschaften studiert. So schrieb ich mich in der Technischen Hochschule Köln ein und bekam auf jeder Semesterparty die gleiche ungläubige Frage gestellt: „Rettungsingenieurwesen? Was ist denn das?"

Darum hier in aller Kürze: Der Studiengang umfasst sieben Bachelor- und drei Mastersemester. Zunächst beschäftigt man sich mit natur- und ingenieurwissenschaftlichen Grundlagen wie Strömungstechnik und Mechanik, die auch Maschinenbauer kennen sollten. Sukzessive gesellen sich Fachdisziplinen wie Rechtslehre, Führungswissenschaften und Risikoanalyse hinzu. Man kann sich im weiteren Verlauf in das Brandschutz- oder das Rettungsingenieurwesen vertiefen, wobei sich Ersteres mit dem vorbeugenden Brandschutz befasst. Ich habe mich im Rettungsingenieurwesen weiter spezialisiert, hier setzt man sich mit der Gefahrenabwehr sowie dem Bevölkerungsschutz auseinander.

Dabei behielt ich mein ursprüngliches Ziel, die Prozesse im Rettungsdienst zu verbessern, immer im Blick und widmete meine Bachelor- und Masterarbeit der Prognose von Einsätzen, um herauszufinden, ob es möglich ist, den Risikofall bereits eine Stunde im Voraus zu erkennen. Nun möchte ich die Ergebnisse (für Interessierte in der Zeitschrift *Rettungsdienst* oder kostenlos online nachzulesen[3]) hier nicht lang und breit ausführen: Kurz zusammengefasst habe ich herausgefunden, dass Vorhersagen, insbesondere über die Einsatzsituation *nach* Spitzenzeiten, möglich sind. Diese Erkenntnisse können für eine genauere Planung der Rettungsmittel herangezogen werden.

Auch wenn ich in meiner Arbeit nicht die finale Antwort auf das ideale Vorgehen im Risikofall formulieren konnte, so war es doch ein erster Schritt, der mich motiviert hat, dranzubleiben.

Denn in meiner praktischen Tätigkeit als Rettungssanitäter, der ich neben dem Studium weiter nachging, sah ich immer mehr Optimierungsbedarfe. Doch in den mittlerweile acht Jahren, die ich nun an Bord bin, hat sich im Rettungswesen nichts wesentlich geändert. Bis auf meine Einstellung.

Dabei gab es keinen krassen Schlüsselmoment, in dem die Welt kurz stillstand und ich mir sagte: „Dieser Einsatz war zu viel, jetzt muss was geändert werden!" Vielmehr ist es so, dass sich die anfängliche Euphorie Einsatz für Einsatz in ausgesprochenen Frust und, wenn man nicht aufpasst, sogar in Resignation wandelt. Wie ein Fass, das bei vielen meiner Kollegen bereits randvoll ist und nur der letzte Tropfen fehlt, um es zum Überlaufen zu bringen. Bei jedem Einzelnen mag sich das anders zeigen: Der eine macht seelenlos Dienst nach Vorschrift, der Nächste steigt ganz aus. Ich habe mich dafür entschieden, die Missstände nicht einfach hinzunehmen, sondern dagegen anzukämpfen.

Denn der Rettungsdienst ist ein Privileg unserer Gesellschaft, dessen Leistungsfähigkeit es zu schützen gilt. Jeder kann ihn 24 Stunden am Tag, 365 Tage im Jahr kostenfrei in Anspruch nehmen. Doch die wenigsten wissen, wie er aufgebaut ist, wann man ihn rufen sollte und wofür er schlicht nicht zuständig ist. Den meisten mag das auch egal sein: Hauptsache, im Notfall kommt einer!

Diese Sichtweise kann ich durchaus nachvollziehen, aber sie mündet in eine gefährliche Sackgasse. In der öffentlichen Wahrnehmung kommt der Rettungsdienst tatsächlich so gut wie nicht vor. Achten Sie mal darauf: In Reden und Danksagungen rund um das Gesundheitswesen geht es häufig um Ärzte und Pflegekräfte. Den Rettungsdienst sucht man in Politik und Medien (bis auf ein paar inszenierte Einsatzgeschichten) vergebens. Somit drängt sich der Eindruck auf, dass auch die Entscheider denken:

Hauptsache, im Notfall kommt jemand! Und genau aus diesem Grund bleibt man dem Rettungsdienst seit Jahren überfällige Reformen schuldig.

SO GEHT ES NICHT WEITER!

Das Festsitzen in veralteten Strukturen bei einem sich gleichzeitig immer schneller drehenden Einsatzkarussell ist kraftraubend. Ich spüre den Frust darüber auf dem Weg zur Wache tief in mir drin, höre ihn im Bereitschaftsraum und lese ihn in Textnachrichten auf dem Handy: Sich über den unmöglichen Dienstplan und die unnütze Fahrt zu einer (bis auf ihre Dreistigkeit) gesunden Person aufzuregen, tut gut. Aber es ändert leider nichts. Ich persönlich halte es so, dass ich (nach dem Meckern, das gehört dazu) die Ärmel hochkremple, schaue, wie ich das Problem lösen kann – und es dann anpacke!

Hierzu möchte ich ein etwas fachfremdes Beispiel geben: Während meines FSJ hatte ich mich bei der Bundeswehr für eine Pilotenausbildung beworben. Es war damals unfassbar schwer, den Wehrdienstberater telefonisch zu erreichen. Irgendwann hatte ich es geschafft, saß vor ihm und hörte gespannt zu, welche Karriereoptionen er mir aufzeigen konnte. Währenddessen klingelte unablässig sein Telefon. Letztlich erhielt ich einen Stapel Formulare und die Anweisung, mich zur persönlichen Abgabe wieder vorzustellen. Doch als ich dafür einen Termin vereinbaren wollte, bekam ich ihn erneut nicht an die Strippe. Mit der Erfahrung aus dem ersten Gespräch schien mir die Sache klar: Der arme Mann musste Telefonate, E-Mails und Gesprächstermine für eine ganze Stadt allein bewerkstelligen und war vermutlich aufgrund der Anfragenflut vollkommen überlastet. Mir kam sogar der Gedanke, dass der Bundeswehr möglicherweise Rekruten verloren gingen, weil niemand den Wehrdienstberater erreicht. Und so habe ich einen Brief aufgesetzt, in dem ich meine Erlebnisse erläuterte und ihn mit dem Lösungsvorschlag *Sekretär*in* an die damalige Verteidigungsministerin geschickt. Sie können sich nicht ausmalen, wie schnell ein Bewerbungsverfahren bei der Bundeswehr ablaufen kann, wenn das Verteidigungsministerium eine Stellungnahme zu dem Vorgang bei der örtlichen Kaserne einfordert!

Leider wurde meine Idee, eine Bürokraft einzustellen, nicht umgesetzt. Aber vielleicht hat mein Schreiben Licht auf einen blinden Fleck geworfen und zum Nachdenken angeregt.

Die Pilotenlaufbahn habe ich übrigens letztlich nicht eingeschlagen, das System der Bundeswehr erschien mir damals doch zu konservativ. Außerdem, und das ist mir erst später bewusst geworden, lag mir der Rettungsdienst längst viel zu sehr am Herzen.

Auch während meines Studiums bin ich, wie bereits erwähnt, durchgängig im Rettungsdienst beschäftigt gewesen. Dabei war ich in der vorlesungsfreien Zeit so viel auf dem RTW wie eine Vollzeitkraft und ging es in den Vorlesungs- und Prüfungsphasen etwas ruhiger an. Währenddessen habe ich etwas bemerkt, was mich nachdenklich gestimmt hat. Wenn ich Vollzeit gefahren bin, kam für mich immer schnell der Punkt, an dem ich dachte: Auf keinen Fall länger als nötig!

Dabei war es nicht allein der immense Workload, der mich dazu brachte. Sondern auch die paradoxerweise damit einhergehende Unterforderung durch Bagatelleinsätze. Es ist einfach ätzend, wenn man mehrere Tage hintereinander von 7:30 bis 19:30 Uhr im Rettungswagen oder auf der Wache sitzt, das Leben draußen vorbeizieht und man nicht mal mit dem Gefühl nach Hause gehen kann, zumindest irgendjemanden wirklich gerettet zu haben.

In dieser diffusen Mischung aus Unzufriedenheit, Langeweile und dem Wunsch, den verrückten Alltag im Rettungswesen für Außenstehende erlebbar zu machen, entstand im Januar 2020 mein TikTok-Account *5_sprechwunsch*, auf dem ich bis heute kleine Sketche veröffentliche, die typische Situationen im Rettungsdienst zeigen. Überraschenderweise war die Resonanz überwältigend. Mit reichlich Ironie und Humor brachte ich den Irrsinn offensichtlich auf den Punkt und traf auch bei Kollegen einen Nerv, was mir die zahlreichen positiven Rückmeldungen zeigten. Mittlerweile ist der Account auf über eine Million Follower Follower gewachsen und bietet einen bunten Mix aus Vlogs, Sketchen sowie informativem Content.

Doch trotz des gigantischen Zuspruchs, der mich via TikTok erreichte, hatte ich das Gefühl, dass etwas fehlte. Dass die Ernsthaftigkeit des Themas in den lustigen Videos unterging.

Also habe ich begonnen, meine Inhalte auf Instagram zu kommunizieren und dort auch nachdenklichere Töne anzuschlagen. Hieraus hat sich ein Netzwerk von Menschen entwickelt, die rege über die Missstände nicht nur im Rettungswesen, sondern auch in anderen Bereichen des Gesundheitssystems diskutieren. Einer meiner Follower beschrieb meinen Account als *Sprachrohr*, als „unsere Hauptstimme. Und das ist in Ordnung so, denn du triffst meist zielsicher ins Schwarze: mit Herz,

Hirn, Kompetenz und Niveau. Bleib am Ball, du trägst damit Verantwortung. Viele hoffen auf dich. Und glauben an diesen tollen Job."

Solche Worte machen mich irgendwie verlegen, das klingt so groß. Andererseits bestärken sie mich darin, weiterzumachen. Und so entwickelte sich zusätzlich zu den genannten Social-Media-Aktivitäten der Podcast *Retterview*, den ich gemeinsam mit meinem Rostocker Kollegen und Freund Christian Manshen alias samy.splint gestalte. Bei einer Sendezeit von etwa einer Stunde haben wir hier ausreichend Zeit, um über verschiedene Themen zu sprechen: Angefangen von der Ausbildung zum Rettungs- oder Notfallsanitäter über aktuelle Leitlinien und medizinische Fakten geben wir auch persönliche Einblicke in unseren Beruf und *dessen Problemzonen*.

Zwei Folgen, die unter Kollegen großen Anklang fanden, waren: „Warum der Rettungsdienst nervt" und „Wer rettet den Rettungsdienst?" Ein gleichnamiges Video, das ich nach einer stressigen Nachtdienstserie im Januar 2022 auf Instagram und Youtube hochgeladen habe, sprengte mit über 800 000 Aufrufen und 1,6 Millionen erreichten Konten mein damaliges Fassungsvermögen. Mein Anliegen war keine Einzelmeinung, es hatte bundesweite Relevanz!

Im Verlauf erreichten mich unzählige Nachrichten, in denen mir Kollegen von überallher zustimmten. Sogar in die Zeitschrift *Rettungsdienst* schaffte es der Clip (Ausgabe: 02/22).

Auch der *Retterview* hat eine enorme Reichweite erlangt: Er erscheint wöchentlich auf sämtlichen Plattformen und ist bei Spotify regelmäßig in den Charts der beliebtesten Podcasts in Deutschland. Diese Visibilität hätte ich mir nie träumen lassen:

Der Rettungsdienst ist nicht länger unsichtbar! Er leistet Großes und braucht dafür Unterstützung: meine, deine, unser aller. Ich nehme die Herausforderung sehr gerne an. Sie erfüllt mich mit Respekt und gleichzeitig einer großen Dankbarkeit – dafür, dass ich die Chance bekommen habe, etwas zu bewegen.

Denn dass etwas getan werden muss, daran besteht kein Zweifel, wie die E-Mail einer jungen Kollegin mehr als deutlich macht:

„Ich schreibe diese Mail, weil ich das, was ihr in eurem Podcast berichtet, wirklich fühle. Ich arbeite erst seit vier Jahren im Rettungsdienst und dennoch bin ich aktuell einfach müde und frustriert. Mit jedem Tag, an dem ich mehr lerne und erfahre, frage ich mich, warum von uns im Rettungsdienst so viel verlangt wird, während das System in den 80ern feststeckt. Wie kann es sein, dass wir zu jedem Dienst, ob Tag oder Nacht, immer topfit, gut gelaunt und auf dem neuesten Wissensstand erscheinen sollen, während wir teilweise auf den ranzigsten Wachen hausen, keine Sportangebote bekommen, dauernd einspringen müssen, obwohl wir sowieso schon drei, vier oder fünf 12-Stunden-Schichten am Stück fahren, ständig Überstunden machen und psychisch wie physisch schon nach kurzer Zeit ausgelaugt sind, und das oft nicht mal wegen dramatischer Einsätze? Diese Liste von Missständen könnte man ewig weiterführen. Nicht nur ich, sondern auch andere aus meiner Klasse fragen sich häufig, ob es sich überhaupt noch lohnt, diese Ausbildung weiterzumachen. Und ganz ehrlich: Müsste ich mich heute noch mal entscheiden, würde ich ‚Nein' sagen. Eigentlich liebe ich diesen Job, weil er so vielfältig und interessant ist. Aber aktuell bin ich genervt und müde. Ich habe keinen Bock mehr auf pöbelnde Patienten, die meinen, sie wüssten es besser, einen kaputten Rücken, weil wir aufgrund von Hygienemaßnahmen in der Küche auf der Eckbank schlafen müssen, eine kaputte Psyche, weil man, egal was man sagt, nicht gehört wird, ein kaputtes Selbstwertgefühl, weil man (gerade als junge Frau im Rettungsdienst) sowohl von Kollegen als auch von Patienten belächelt wird und sich erst mal ‚beweisen‘ muss.

Wenn mich jemand fragt, wo ich mich in fünf Jahren sehe, kann ich darauf keine Antwort geben. Ich liebe den Job, aber ich habe einfach keine Lust mehr.“

Solche Worte stimmen mich traurig. Aber sie spiegeln die Realität wider. Eine Realität, die ich so nicht hinnehmen will: Also packen wir es an!

WARUM DER RETTUNGSDIENST UNS ALLE ANGEHT

Ich spekuliere mal: Eigentlich haben Sie sich das Buch nur für den Feierabend oder als Bettlektüre gekauft. Wollten mal schauen, was im Rettungswesen so los ist. Und jetzt werde ich persönlich und wünsche mir, dass Sie mithelfen, den Rettungsdienst zu retten. Ist das nicht etwas zu viel verlangt?

Meine Antwort darauf lautet: Nein.

Schließen Sie für einen Moment die Augen und stellen sich *eine Welt ohne den Rettungsdienst* vor: Wie entspannt würden Sie in den Urlaub fahren, wenn Ihre Großmutter mit Asthma bei einem heftigen Anfall niemanden rufen könnte? Was würden Sie fühlen, wenn Ihre Tochter auf ein Festival ginge und es dort keinen Sanitätsdienst gäbe? Wenn im Fernsehen von der nächsten Pandemiewelle berichtet würde und Sie nicht wüssten, wer Sie von zu Hause abholt, wenn es Sie erwischt?

Macht Ihnen diese Vorstellung Angst? Mir schon. Sie verdeutlicht uns, was wir nur allzu oft vergessen: dass der Rettungsdienst uns ein unbeschwertes Leben ermöglicht. Er ist unser Sicherheitsnetz, das uns auffängt: jederzeit.

Nur was ist, wenn das Netz mürbe und löchrig wird? Und die eine oder der andere hindurchfällt? Spätestens dann werden Sie darüber nachdenken, was man tun kann, um dies zu ändern. Warum also fangen wir nicht sofort damit an, bevor es zu spät ist?

TAG UND NACHT
FÜR SIE IM EINSATZ

Der Rettungsdienst ist immer für uns da. Das lernen schon die Kleinsten in ihren Pappbilderbüchern: Mit Tatütata, rauscht er mit Blaulicht heran. So einfach ist es im echten Leben natürlich nicht. Nur, wie funktioniert der Rettungsdienst eigentlich?

DIE NUMMER FÜR DEN NOTFALL

Schauen wir ein wenig hinter die Kulissen und erfahren etwas über den Aufbau und die Arbeitsweise des Rettungsdienstes, um dessen Probleme später besser verstehen zu können. Dabei möchte ich nicht allzu tief ins Detail gehen, schließlich soll das hier kein Fachvortrag werden. Zudem ist es aufgrund großer regionaler Unterschiede auch gar nicht möglich.

Was allerdings überall gleich ist, ist die *Notrufnummer 112* für alle nicht polizeilichen Belange. Sie ist kostenlos und hat keine Vorwahl.

Good to know: Die 112 gilt in allen europäischen Ländern und wird auch Euronotruf genannt. Wählt man ihn zum Beispiel in den USA, leitet das Smartphone den Anruf an die dortige 911 weiter. Andersherum geht in Deutschland die amerikanische 911 an unsere 112.

Wird die Notrufnummer gewählt, landet man europaweit immer in der Leitstelle, die für den Telefonmast verantwortlich ist, in welchen sich das Handy eingewählt hat. Das hat den Vorteil, dass die Zuständigkeit direkt anhand des Standorts festgelegt wird. Nachteil ist, dass Sie aus dem Ausland über die 112 niemanden in Deutschland erreichen können. Auch innerhalb der Bundesrepublik ist es nicht möglich, einfach eine andere Leitstelle zu kontaktieren – für den Fall, dass Sie einen Notfall melden wollen, der sich woanders ereignet hat. Beispielsweise wenn Sie für Ihren Kollegen anrufen, der fünfhundert Kilometer entfernt allein im Homeoffice sitzt und mitten in einem Videocall zusammenbricht. Da kommt die Hilfe nur über Umwege: Entweder müssen Sie sich weiterverbinden lassen oder dem *Disponenten* (das ist die Person, welche in der Leitstelle die Notrufe entgegennimmt und die passenden Rettungsmittel alarmiert) die Situation schildern, und dieser entscheidet dann, was als Nächstes geschieht.

Im Laufe des Gesprächs wird er Ihnen die fünf W-Fragen stellen, die Sie sicher irgendwann schon einmal gehört haben:

1 **WO** ist das Ereignis?
2 **WAS** ist geschehen?
3 **WIE** viele Verletzte/Betroffene?
4 **WER** ruft an?
5 **WARTEN** Sie auf Rückfragen!

Nun befinden Sie sich als Anrufer in einer enormen Stresssituation, schließlich liegt ein Notfall vor. Da ist es schwer, sich im Vorfeld die Antworten auf diese Fragen zurechtzulegen. Das Einzige, worüber Sie sich aus meiner Sicht jedoch auf jeden Fall im Klaren sein müssen, ist: *Wo sind Sie gerade?* Ob man Sie automatisch orten kann, hängt nämlich leider vom technischen Stand der jeweiligen Leitstelle ab, mit der Sie sprechen. Haben Sie keinen Straßennamen parat, halten Sie nach markanten Orientierungspunkten Ausschau: Sehenswürdigkeiten, ein nahegelegenes Café oder Restaurant, eine Schule, was auch immer. Hauptsache, der Rettungswagen findet Sie.

Sollte die Verbindung während des Notrufes abbrechen, ist die Leitstelle mit diesen Angaben zumindest in der Lage, ein Rettungsmittel loszuschicken.

Ich halte es beispielsweise so: Wenn ich auf der Autobahn unterwegs bin und mein bekanntes Fahrwasser verlasse, merke ich mir die Kilometerschilder an der rechten Leitplanke. Sollte irgendetwas passieren, kann ich mit der Nummer der Autobahn, der Fahrtrichtung und dem letzten Kilometer ziemlich genau meinen Standort durchgeben: zum Beispiel A4, Fahrtrichtung Aachen, Höhe KM 45.0. Selbst im Wald gibt es Rettungspunkte. Vielleicht sind Ihnen die grünen Schilder mit weißem Kreuz schon mal aufgefallen. Die Buchstaben und Nummern darunter geben den Standpunkt an.

Nach dem Notfallort werden Sie als Nächstes gefragt, was genau passiert ist. Vereinzelt wird noch eine Rückrufnummer aufgenommen. Für längere Ausführungen oder gar beruhigende Worte bleibt allerdings keine Zeit. Dies hat zwei Gründe: Zum einen sitzt in der Leitstelle nur eine überschaubare Anzahl Mitarbeiter. Je nach Uhrzeit und Wochentag bewegen wir uns selbst in einer Millionenstadt im einstelligen Bereich. Deshalb ist der Disponent natürlich bestrebt, den Notruf so schnell wie möglich abzuarbeiten, um für den nächsten wieder zur Verfügung stehen zu können. Zum anderen gilt es, eine gesetzlich festgelegte *Hilfsfrist* einzuhalten. Diese beschreibt die maximale Zeit, die verstreichen darf, bis das erste qualifizierte Rettungsmittel am Notfallort eintrifft. Doch wie lang ist diese Hilfsfrist? Gern würde ich Ihnen an dieser Stelle versichern: In spätestens zehn Minuten sind wir bei Ihnen!

Und natürlich geben wir stets unser Bestes, um so schnell wie möglich an den Notfallort zu gelangen. Doch die genaue Festlegung, ab wann die Hilfsfrist tickt und wie viel Zeit verstreichen darf, hängt tatsächlich davon ab, in welchem Bundesland Sie sich befinden. Meist wird die Hilfsfrist ab Notrufannahme gemessen (in Baden-Württemberg, Berlin, Brandenburg, Hessen, NRW, Rheinland-Pfalz, Saarland, Sachsen-Anhalt), manchmal beginnt diese aber erst beim Treffen der Einsatzentscheidung durch den Disponenten wie in Bremen oder Niedersachsen. In Mecklenburg-Vorpommern und Schleswig-Holstein gilt die Hilfsfrist ab der Alarmierung der Rettungsmittel, Bayern geht sogar noch einen Schritt weiter und stoppt die Zeit erst dann, wenn die Fahrzeuge losfahren. Thüringen wiederum wünscht sich nur, dass jede öffentliche Straße in einer Fahrtzeit von zwölf Minuten erreicht werden kann. Aber es geht noch weiter: Die Bundesländer unterscheiden sich nicht nur hinsichtlich der Startzeit, sondern auch bezüglich der Dauer. Von acht bis fünfzehn Minuten ist alles vertreten.

Sie sehen an diesem kleinen Beispiel bereits, wie uneinheitlich und kompliziert das Notfallsystem in Deutschland ist. Und Kompliziertheit ist selten ein guter Ausgangspunkt für effizientes und qualitativ hochwertiges Arbeiten. Später berichte ich dazu mehr, aber jetzt zurück zu unserem Notruf. In den Bundesländern, in denen die Hilfsfrist ab Notrufannahme zählt, steht der Disponent zusätzlich unter Druck, den Anruf zügig abzuarbeiten. Denn planmäßig werden hier nur zwei Minuten für die Notrufannahme, die Alarmierung und das Ausrücken veranschlagt. Das bedeutet, je länger der Disponent sich mit Ihnen unterhält, desto mehr „schrumpft" die Zeit, die für die Fahrt zum Einsatzort zur Verfügung steht, wenn man die Hilfsfrist einhalten will. Auch unabhängig von den formalen Vorgaben ist im Notfall ein zügiges Vorgehen angesagt. Ergo muss der Disponent sich darauf fokussieren, dass er rasch den Standort und die Information „mit Notarzt oder ohne" erhält. Natürlich könnte er oder sie durch weiteres Nachfragen mehr herausfinden und dadurch möglicherweise unnötige Einsätze vermeiden, aber was, wenn sich der Notruf als echter Notfall entpuppt und jede Minute zählt?

Ein Dilemma: Teure Rettungsmittel sollen nicht im Gießkannenprinzip eingesetzt werden, und es macht absolut keinen Sinn, mit Blaulicht zu einer simplen Beule auszurücken. Nur was ist, wenn der Disponent sich in der telefonischen Einschätzung irrt, die Kopfverletzung sich letztlich als Schädelfraktur entpuppt und man in der Konsequenz ein Menschenleben verliert? Können Sie den Druck spüren, der diesen ersten Minuten eines Notrufs innewohnt?

Schauen wir, was als Nächstes passiert: Der Notruf wird nun in einem Einsatzleitsystem erfasst und das passende Rettungsmittel alarmiert. Dies *könnte* das schnellste Rettungsmittel sein, muss es aber nicht. Schließlich gilt es, die Zuständigkeiten zu beachten. Und das sieht so aus: Wenn Ihnen beispielsweise auf der Grenze von einer Kommune zur nächsten ein Unfall passiert, kann es sein, dass zwar in unmittelbarer Nähe ein Rettungswagen steht, dieser allerdings nicht zu Ihnen geschickt wird, da er zur Nachbarkommune gehört. Er würde erst dann zu Ihnen kommen, wenn in der für Sie zuständigen Kommune kein Fahrzeug mehr frei ist, welches Sie innerhalb der Hilfsfrist erreichen kann. In diesem Fall würde der Disponent in der benachbarten Leitstelle anfragen, ob das nahe liegende Rettungsmittel verfügbar ist. Klingt umständlich? Ist es auch.

Für mich verliert beim Erleben solcher Szenarien der Satz „Im Notfall zählt jede Sekunde!" seine Bedeutung, denn offenbar ist in Deutschland nur das bürokratische Erreichen der Hilfsfrist wichtig. Würde wirklich jede Sekunde zählen, sollte man meiner Meinung nach *unabhängig von Gebietsgrenzen* stets das nächste und damit schnellste Rettungsmittel alarmieren.

Sie merken, dass sich allein beim simplen Beschreiben eines Einsatzablaufes immer wieder Kritik einschleicht.

Doch durchlaufen wir den Prozess vom Notruf bis zum Einsatzort weiter: Die alarmierte Besatzung erhält in der Regel ein *Fax* (Sie haben richtig gelesen: ein echtes Fax, aus Papier, so, wie es die Gesundheitsämter benutzen. Sie haben davon sicher im Rahmen der Coronakrise gehört) und wird über das Piepen ihrer *Melder* über den Einsatz benachrichtigt. Unter einem Melder können Sie sich ein kreditkartengroßes Gerät vorstellen, das jeder Rettungssanitäter im Dienst bei sich trägt. Dort erscheinen auf einem kleinen Display die Einsatznummer, Adresse, das Alarmierungsstichwort (zum Beispiel CHIRU1 = Chirurgischer Notfall ohne Notarzt, oder PTÜR = Person hinter verschlossener Tür) sowie gegebenenfalls weitere Informationen, welche regional wechseln. Im Freitextfeld kann der Disponent noch Hinweise eintragen wie „3. OG, bei Mustermann klingeln". Auf dem Fax stehen die gleichen Informationen wie auf den Meldern sowie gegebenenfalls zusätzlich Anfahrtshinweise. Je nachdem, wie gut der jeweilige Rettungsdienstbereich technisch ausgerüstet ist, wird die Meldung direkt auf das Navigationsgerät übertragen, welches nun automatisch die schnellste Route ermittelt. In Deutschland ist dies allerdings eher Luxus als Standard, sodass die Besatzungen vielerorts die Adresse noch im Stadtplan suchen oder sie selbstständig ins Navi eingeben müssen.

An dieser Stelle ein dringender Appell an alle mit einer *besonderen Adresse*, die selbst Freunde und Verwandte nur schwer finden: Erwarten Sie bitte nicht, dass der Rettungsdienst einen übernatürlichen Orientierungssinn besitzt, und erklären Sie beim Notruf genau, wo man Sie findet. Ideal wäre es, wenn jemand rauskommt, um uns den Weg zu weisen. Das Beleuchten der Hausnummer kann ebenfalls helfen. Wertvolle Zeit geht regelmäßig dadurch verloren, dass wir nachts winzige Designerhausnummern entziffern müssen. Ansonsten gilt: Tiere bitte wegsperren und bekannte Infektionskrankheiten immer ankündigen!

Nun sind wir endlich am Patienten und fragen uns nicht selten, wofür wir eigentlich gerufen wurden. Denn echte Notfälle finden wir selten vor. Schauen wir uns die Bilanz eines gewöhnlichen Dienstes im urbanen Raum an: acht Einsätze, davon zwei ohne Patient (blinder Alarm), vier ohne wirkliche Dringlichkeit (eine Schnittverletzung, ein schlechter Allgemeinzustand, eine verwirrte Person und eine Verlegung, die selbstständig gehen konnte) und lediglich zwei mit relevanten Erkrankungen (eine ausgekugelte Schulter sowie ein massiv erhöhter Blutdruck). Der Großteil benötigte tatsächlich keinen Rettungswagen.

„Nur, wann rufe ich denn den Notruf?", fragen Sie sich vielleicht an dieser Stelle. „Welche Verletzung oder Krankheit ist schwer genug, um das Ausrücken eines Rettungswagens zu rechtfertigen?" Gute Frage. Kann ein Patient überhaupt selbst entscheiden, wie dringlich die Behandlung einer Erkrankung ist? Er hat weder das nötige medizinische Fachwissen noch irgendwelche diagnostischen Möglichkeiten (bis auf eventuell ein Blutdruckmessgerät), um das zu beurteilen. Hinzu kommt, dass jeder Mensch eine sehr individuelle Widerstandsfähigkeit gegenüber Schmerzen hat. Lassen Sie mich dies an einem persönlichen Beispiel verdeutlichen: Ich war in Berlin auf einem Fußballturnier, bin umgeknickt, es hat einmal laut geknackt und beide Syndesmosebänder (die stabilisieren das Sprunggelenk) waren gerissen. Das tut ordentlich weh und man hat innerhalb kürzester Zeit einen geschwollenen Fuß. Was nun?

Ich hätte mich beim Sanitätswachdienst vor Ort vorstellen können, die dann wiederum sehr wahrscheinlich einen Rettungswagen gerufen hätten. Was vollkommen legitim gewesen wäre. Ich entschied mich damals dazu, zurück nach Köln zu fahren (mit einem Automatikfahrzeug) und habe mich am nächsten Tag beim niedergelassenen Arzt vorgestellt. Denn mir war klar, dass es auf ein paar Stunden mehr oder weniger nicht ankommt. Beide Vorgehensweisen sind möglich, falsch oder richtig gibt es da nicht.

Eine weitere Option besteht grundsätzlich darin, den Hausarzt oder (zum Beispiel am Wochenende) den ärztlichen Bereitschaftsdienst unter 116 117 zu kontaktieren. Hier erhalten Sie in weniger dringlichen Fällen eine medizinische Ersteinschätzung, die Ihnen der Disponent unter 112 nicht bieten kann.

Wenn Sie jedoch zu dem Schluss kommen, dass Ihre *Widerstandsfähigkeit erschöpft* ist oder sich jemand in *akuter Lebensgefahr* befindet, dann rufen Sie die 112!

Sollte ein erfahrener Rettungsdienstler im Nachgang zu dem Schluss kommen, dass es ein Taxi auch getan hätte, dann trifft die Schuld nicht den Patienten. Das System als solches hat dann versagt, weil es den Patienten abverlangt, sich selbst medizinisch einzuschätzen.

Es gibt allerdings auch Experten, die bei leichten Erkrankungen den Rettungsdienst rufen, weil sie glauben, damit in der Notaufnahme schneller dranzukommen. Das ist nicht nur dreist, sondern beruht auf der schlichten Fehlannahme, dass Patienten, nur weil sie mit dem Rettungswagen vorfahren, bevorzugt werden. Hierbei handelt es sich um eine verzerrte Wahrnehmung: Der entscheidende Faktor für die Wartezeit ist nicht die Art der Anreise, sondern die *Schwere der Erkrankung*. Und es liegt nun mal in der Natur des Rettungsdienstes, dass er Patienten transportiert, die einer dringlichen medizinischen Behandlung bedürfen. Und die werden in Notaufnahmen stets vorrangig behandelt, und zwar unabhängig davon, wie sie dorthin kommen. Sollten Sie es also mit einem akuten Herzinfarkt zu Fuß ins Krankenhaus schaffen, werden Sie mit Sicherheit sofort einen Arzt sehen, obgleich Sie den Rettungsdienst nicht in Anspruch genommen haben. Ich vermute jedoch, dass Sie zum Laufen nicht in der Lage sein werden, weshalb wir letztlich gerufen werden – und so erfüllt sich die Prophezeiung, dass RTW-Patienten stets sofort ins Behandlungszimmer kommen. Aber spätestens jetzt wissen Sie, dass es einen guten Grund dafür gibt.

Nun haben Sie einen guten Einblick ins Rettungswesen bekommen, doch unsere Führung ist noch längst nicht zu Ende. Betreten wir das nächste Level und schauen uns an, wer die Männer und Frauen in den signalfarbenen Einsatzjacken sind. Was sie in ihrer Ausbildung lernen, aber leider meist nicht anwenden dürfen. Und warum das so ist.

RETTER IN NEONFARBEN

Nachdem wir den Notruf gewählt haben, schickt der Disponent je nach erwarteter Einsatzschwere einen Rettungswagen (RTW) und wenn nötig zusätzlich ein Notarzteinsatzfahrzeug (NEF) los. Doch wer sitzt in diesen Fahrzeugen?

Das ist, Sie ahnen es möglicherweise bereits, regional verschieden. Überall gilt jedoch, dass auf einem RTW immer ein *Notfallsanitäter* und auf dem NEF definitiv ein *Notarzt* mitfährt.

Und wer ist noch mit an Bord? In NRW sind auf einem RTW zusätzlich ein Rettungssanitäter und auf dem NEF ein Notfallsanitäter. In Hessen dürfte auf dem NEF auch ein Rettungssanitäter eingesetzt werden. In Bayern reicht nach Artikel 43 BayRDG irgendeine geeignete Person.

Bestimmt haben Sie diese Berufsbezeichnungen schon mal gehört, aber bisher angenommen, sie beschreiben im Grunde alle denselben Job. Tatsächlich unterscheiden sie sich jedoch in Ausbildung und Qualifikation. Den *Rettungssanitäter* gibt es bereits seit 1977. Die Ausbildung umfasst 520 Stunden bestehend aus Theorie und Praxis. 1989 wurde zudem der *Rettungsassistent* eingeführt, der eine zweijährige Lehrzeit mit 2 600 Stunden durchlief. Dieser wurde 2014 vom *Notfallsanitäter* abgelöst, der eine dreijährige Berufsausbildung mit insgesamt 4 600 Stunden erfordert und somit aktuell die höchste nicht ärztliche Qualifikation im Rettungsdienst besitzt. Auf den ärztlichen Bereich gehe ich nicht weiter ein, hier handelt es sich oft um Mediziner der Fachrichtung Anästhesie, Chirurgie oder Innere Medizin, die eine entsprechende Zusatzqualifikation für Notfallmedizin vorweisen müssen.

Wie Sie erkennen können, hat sich der Qualifikationsaufwand im Rettungsdienst, allein an den Lehrstunden gemessen, in den letzten 45 Jahren deutlich erhöht.

Dennoch tat man sich bis zuletzt schwer, eine entsprechende rechtliche Grundlage zu schaffen, damit Notfallsanitäter eigenständig Behandlungsmaßnahmen durchführen dürfen. So war es den Rettungsassistenten früher nur erlaubt, lebensrettende Maßnahmen zu ergreifen. Der Notarzt übernahm die weitere Therapie. Die Rettungsassistenten waren also lediglich *überbrückend* tätig, bis der Arzt am Notfallort eintraf. Doch auch in dieser kurzen Zeitspanne können Situationen eskalieren und es muss schnell behandelt werden. Nicht selten kam es so zu *rechtlichen Unsicherheiten* bezüglich der Handlungskompetenzen. Vereinzelt wurde und wird mit *Telenotarztsystemen* gearbeitet, um dieses Problem zu umgehen. Ich persönlich bin ein großer Fan davon. Dabei werden einem entsprechend qualifizierten Arzt (sitzt in einer Telenotarztzentrale) die wichtigsten diagnostischen Informationen zu einem Patienten elektronisch übermittelt, der daraufhin die notwendigen Behandlungsschritte an die Rettungskräfte vor Ort weitergibt. Das löste in der Vergangenheit in einigen Rettungsdienstbereichen zumindest die rechtlichen Belange.

Doch wie sieht die rechtliche Lage heute aus? In 2021 ging der Paragraf 2a NotSanG live. Darin heißt es: „Bis zum Eintreffen der Notärztin oder des Notarztes oder bis zum Beginn einer weiteren ärztlichen, auch teleärztlichen, Versorgung dürfen Notfallsanitäterinnen und Notfallsanitäter heilkundliche Maßnahmen, einschließlich heilkundlicher Maßnahmen invasiver Art, dann eigenverantwortlich durchführen, wenn

1. sie diese Maßnahmen in ihrer Ausbildung erlernt haben und beherrschen und
2. die Maßnahmen jeweils erforderlich sind, um Lebensgefahr oder wesentliche Folgeschäden von der Patientin oder dem Patienten abzuwenden."[4]

Zudem ist in Paragraf 4 NotSanG festgelegt, dass ein Notfallsanitäter dazu befähigt ist, heilkundliche Maßnahmen, sprich Medikamentengaben, durchzuführen, die vom Ärztlichen Leiter Rettungsdienst (ÄLRD) standardmäßig vorgegeben, überprüft und verantwortet werden.[5]

Das alles klingt auf den ersten Blick nach einem Fortschritt: Notfallsanitätern wird endlich etwas zugetraut, sie dürfen ihr Wissen und Können anwenden. Aber wie sieht das in der Praxis aus?

Es gibt zwar einen einheitlichen Lehrplan für Notfallsanitäter und standardisierte Arbeitsanweisungen auf Landesebene, aber letztlich entscheidet der *Ärztliche Leiter Rettungsdienst* (kurz ÄLRD, verantwortlich für die Qualität der notfallmedizinischen Patientenversorgung) des Kreises beziehungsweise der kreisfreien Stadt, wie die Einsätze abzulaufen haben und welche diagnostischen und therapeutischen Maßnahmen er oder sie den

Notfallsanitätern freigibt. Dabei ist von „nichts" über „ich kann euch das Retten nicht verbieten" bis „es gibt nur eine Leitlinie und die ist anzuwenden" alles möglich.

In fast jeder Kommune herrscht zudem eine etwas andere Auffassung, wie Notfallmedizin zu funktionieren hat. In der einen Region fährt ein Rettungswagen zu einem Schlaganfall ohne Bewusstlosigkeit stets ohne Arzt, in der angrenzenden Stadt würde zum selben Krankheitsbild immer ein Notarzt mitkommen, weil es der jeweilige ÄLRD so vorschreibt.

Mir kommt beim Nachdenken über diese Thematik immer das Gleichnis von zwei Mathelehrern, die ihrer Klasse die simple Aufgabe ein mal eins aufgeben. Der auf Nummer sicher bedachte besteht darauf, dass die Schüler den Taschenrechner nutzen, während der andere es erlaubt, diese Aufgabe im Kopf zu lösen. Beide Wege führen zum gleichen Ergebnis. Nur dass der Taschenrechner für diese Rechenoperation nicht notwendig gewesen wäre und somit eine vermeidbare Nutzung von Ressourcen bedeutet.

Im Rettungsdienst kann ein solches Verhalten dazu führen, dass bei jedem Einsatz, der etwas dramatischer anmutet, die volle Besatzung inklusive Notarzt anrückt und letztlich bis zu sechs Personen um den Patienten herumstehen (wenn, wie so oft, auch noch Praktikanten dabei sind). Abgesehen von Reanimationssituationen gibt es im Normalfall nicht genug Aufgaben für so viele Hände und irgendwer ist im Zweifel nur im Weg und leistet den größten Beitrag, indem er sich schnellstmöglich verzieht.

Dass ein so überflüssiges Chaos nervt, kann man sicher gut nachvollziehen. Hinzu kommt, dass der ÄLRD meist *keine verbindlichen Vorgaben* macht, wie das Rettungsteam (Notärzte eingeschlossen) bestimmte, häufig auftretende Notfallbilder abzuarbeiten hat. Diese geringe Standardisierung führt dazu, dass ein Herzinfarkt auf zehn verschiedene Arten therapiert werden kann, je nachdem, welcher Notarzt gerade im Dienst ist und welchen therapeutischen Ansatz er in ebenjenem Moment für angemessen hält. Dies führt leider dazu, dass man nicht automatisiert Hand in Hand arbeiten kann, da die Behandlung keinem festgelegten Algorithmus folgt und man nie weiß, was als Nächstes kommt.

Das mag auf den ersten Blick etwas überspitzt dargestellt wirken, schließlich sind hier Profis am Werk, die flexibel genug sein sollten, um derartige Variationen im Ablauf meistern zu können. Doch teilweise treibt dieser Individualismus, gepaart mit hierarchischen Machtspielchen, absurde Blüten.

In Erinnerung geblieben ist mir eine Notärztin, die mir durch einen erfahrenen Kollegen folgendermaßen angekündigt wurde: „Luis, wenn wir mit X einen Einsatz haben, rühren wir keinen Finger, bis sie uns explizit anweist, etwas zu tun!" Ich konnte damit nicht so recht etwas anfangen, hielt es gar für übertrieben, bis ich es erlebt habe: Diese Notärztin empfand es offenbar als Eingriff in ihre ärztliche Entscheidungsfreiheit, wenn man Standardmaßnahmen wie beispielsweise eine Blutdruckmessung ohne ihre ausdrückliche Anweisung durchführen wollte. Was im Gegenzug dazu führte, dass die Rettungssanitäter den Einsatz mit Untätigkeit nahezu boykottierten.

Mir drängte sich beim Betrachten dieses Gegeneinander die Frage auf, worum es bei alldem eigentlich ging: um den Patienten offensichtlich nicht!

Aber genau der geht in derartigem Kompetenzgerangel unter. Auch aufseiten des Rettungspersonals führen Bevormundung durch Mediziner und die Tatsache, dass man sein ganzes Potenzial nur allzu selten voll ausschöpfen kann, zu denkwürdigen Manövern. So hatte ich mit einem Kollegen Dienst, dessen Ziel es war, stets *vor dem Notarztwagen* am Einsatzort anzukommen. Und zwar, um im Falle eines ansprechbaren Patienten diesen umgehend abzubestellen, damit er keine Tätigkeiten aus seinem Kompetenzbereich an den Mediziner abgeben musste. Auf die Frage unseres Azubis, wieso er den Arzt nicht dabeihaben wollte, antwortete ebenjener Kollege: „Was hätten wir drei noch gemacht, wenn ein Notarzt hier gewesen wäre? Luis hätte keine Patientenanamnese durchgeführt, du hättest den Zugang nicht gelegt, ich hätte den Patienten nicht angemeldet." Wir wären tatsächlich nicht mehr als hoch qualifizierte Statisten gewesen, die eine Trage schleppen und Transporter fahren. Dennoch darf das aus meiner Sicht nicht zu einem Wettrennen um ein bisschen berufliche Herausforderung führen.

Solche Geschichten offenbaren jedoch die grundsätzliche Problematik einer Profession, deren exzellent ausgebildete Mitarbeiter mit Hochleistungstaschenrechnern zum kleinen Einmaleins gerufen werden.

Hinzu kommt, dass das Berufsbild des Notfallsanitäters selbst in den Notaufnahmen noch nicht wirklich angekommen ist, wie ein Hörer unseres Podcasts anschaulich ausführt:

„Mich nervt die fehlende Kenntnis über die Berufsbilder. Niemand kennt den Unterschied zwischen Rettungssanitäter und Notfallsanitäter, selbst in der Klinik hapert es. Nur wenige wissen, dass wir uns schon längst von diesem ‚Wir-fahrenden-Patienten-nur-ins-Krankenhaus-und-dort-wird-der-Rest-gemacht-Image' abgehoben haben. Dass wir moderne Ausrüstung besitzen und strukturierte Untersuchungen vor Ort durchführen, verwirrt noch immer viele meiner Patienten. Und nicht nur die: Wenn ich den alteingesessenen Intensivschwestern in der Anästhesie erzähle, was ich in meiner Notfallsanitäter-Ausbildung alles lernen musste, stoße ich des Öfteren auf Unglauben. Ich habe Verständnis dafür, dass Oma Müller nicht weiß, welche Bedeutung unsere Ausbildung hat. Aber dass es in den Kliniken immer noch Menschen gibt, die mich als Sanitätshelfer bezeichnen und keine Ahnung von meinem Berufsfeld haben, kann und möchte ich nicht hinnehmen."

Ich kann diesem Statement nur beipflichten, denn ich erlebe solches Unverständnis selbst immer wieder. „Dürft ihr das überhaupt?", hört man dann, und es fühlt sich so an, als sei dies eher eine Stichelei denn ehrliches Interesse an unseren Fähigkeiten und Kompetenzen. Es scheint ein ewiger Kampf darum zu herrschen, wer besser rettet: die Notaufnahme oder der Rettungsdienst. Vielleicht würde es helfen, wenn das Klinikpersonal während der Aus- oder Weiterbildung ein Praktikum im Rettungsdienst absolvieren würde. So, wie wir es regulär bereits tun: Die Notfallsanitäter beispielsweise hospitieren im Laufe ihrer Ausbildung insgesamt 90 Tage im Krankenhaus. So lernen sie die Strukturen und täglichen Problemstellungen dort kennen und erwerben ein tieferes Verständnis vom Klinikalltag. Aus meiner Sicht ist ein derartiger Perspektivwechsel essenziell, um wertschätzend und lösungsorientiert miteinander zu arbeiten. Doch davon sind wir noch weit entfernt.

PATIENTENKARUSSELL UND KRANKENHAUSLOTTERIE

Lassen Sie mich den täglichen Wahnsinn mit einem Beispiel verdeutlichen: Wir wurden zu einer stark unterzuckerten Diabetikerin gerufen. Sie lag bewusstseinsgetrübt in einem Zimmer, welches nur unmerklich größer war als das Bett, in dem wir sie vorfanden. Drum herum türmten sich schmutzige Wäsche, Zigarettenreste und Plastikmüll. Es war düster: die Rollläden heruntergelassen und kaputt, das Licht, das aus dem Flur hereinschien, nur schwach. Die Atmosphäre war deprimierend. Unter diesen schwierigen Bedigungen fiel uns nun die Aufgabe zu, eine notfallmedizinische Behandlung durchzuführen. Mein Kollege kniete tief in der Matratze neben der Patientin, um sie orientierend zu untersuchen und einen peripheren Venenkatheter zu legen (auch kurz „Zugang" genannt; dazu wird ein kleiner Plastikschlauch in das Gefäß geschoben, um darüber Flüssigkeit und Medikamente zu verabreichen). Währenddessen versuchte ich, trotz des Chaos eine Situation herzustellen, aus der ich Material vorbereiten und ihm anreichen konnte. Zu den schlechten Lichtverhältnissen gesellte sich ein noch schlechterer Venenstatus. Keine gute Ausgangssituation, um der Patientin schnell zu helfen. Wir kamen ordentlich ins Schwitzen, fanden aber irgendwann einen Zugang, über den wir der Patientin Glukose verabreichten. Sie klarte daraufhin sofort auf. Ein wunderbares Gefühl, wenn man dabei zusehen kann, dass die Behandlung wirkt und wieder Leben in einen Menschen kommt. Allerdings währte unsere Freude darüber nicht lang. Denn kaum war die Patientin vollends wach, zog sie sich den Zugang kurzerhand heraus!

Wir waren fassungslos. Wie sollten wir sie unter diesen Bedingungen sicher in die Klinik transportieren? Was, wenn der Zucker nochmals entgleiste oder ihr Kreislauf zusammenbrach?

Aber das alles schien die Patientin nicht zu interessieren, sie wollte, dass wir wieder abzogen. Und zwar ohne sie.

Nun informierte uns ihr Lebensabschnittsgefährte darüber, dass sie sich bereits am Vortag in der gleichen Situation befunden hätte – und aufgrund ihrer Weigerung nicht ins Krankenhaus gekommen war. Er beendete seine Ausführungen mit folgender Aussage: „Wenn Sie sie jetzt nicht mitnehmen, dann zeige ich Sie wegen unterlassener Hilfeleistung an!"

Herzlichen Dank. Es war mehr als offensichtlich, dass diese Dame in einer Klinik versorgt werden müsste, dafür braucht man uns nicht mit einer Anzeige drohen. Von Freude am Job kann ich in solchen Momenten nicht reden. Trotzdem blieben wir ruhig, setzten ein Lächeln auf und redeten zuckersüß auf die renitente Patientin ein, bis sie letztlich einwilligte. Natürlich war sie nicht in der Lage, selbstständig zu gehen, sodass ich zunächst den Treppentragestuhl (mit satten vierzehn Kilogramm Eigengewicht) in den dritten Stock schleppte. Der Stuhl passte nicht in das winzige Schlafzimmer, also trugen wir die Patientin in den Flur. Wer jede einzelne Bandscheibe seines Rückens einmal spüren möchte, dem empfehle ich genau das. Nun ging es weiter: mit der Patientin auf dem Stuhl die drei Stockwerke nach unten und in den Rettungswagen. Auf die erneute Anlage eines Zugangs haben wir ausnahmsweise verzichtet, wir waren froh, dass wir die eigensinnige Patientin überhaupt in den Rettungswagen bekommen hatten. Außerdem hätte das sicher noch mal zehn Minuten in Anspruch genommen. In der Zeit waren wir längst im Krankenhaus und was erwartete uns dort? Ein Anschiss!

„Wie könnt ihr einer entgleisten Diabetikerin Glukose geben und sie dann ohne Zugang hier abgeben?"

Natürlich verstehe ich den Punkt. In einer idealen Welt hätten wir ihr auch einen Venenkatheter gelegt. Aber dass wir gerade aus den denkbar ungünstigsten Umständen kamen und daraus das Beste gemacht hatten, wollte niemand hören. Als Antwort auf unsere Erklärungen kam von der Krankenpflegerin nur ein zickiges: „Ich habe hier kein Problem, einen Zugang zu legen!"

Natürlich hat sie das nicht: In einem hellen, großen, gut sortierten und sauberen Behandlungszimmer würde ich der Patientin sogar den Fußrücken punktieren. Leider vermochte die Krankenpflegerin sich im Gegenzug nicht in unsere schwierige Situation einzufühlen und statt eines aufmunternden Lächelns bekamen wir zusätzlich eins eingeschenkt. Das sind die Augenblicke, in denen ich alles einfach nur hinschmeißen möchte.

Und durch die Coronapandemie hat sich die Lage zusätzlich verschärft – die Gräben sind tiefer, die Stimmung ist gereizter geworden. Es gibt Tage, da komme ich mir vor wie auf einer gigantischen Kirmes, wo ich Patientenkarussell fahre und in der Krankenhauslotterie nur Nieten ziehe.

Ein Beispiel: Wir wurden zu einer Patientin gerufen, die positiv auf Covid-19 getestet war und im Einzugsgebiet des von ihrem Wohnort fußläufig (300 Meter) entfernten Krankenhauses A lebte. Die Reaktion bezüglich einer Aufnahme der Patientin war dort zunächst positiv, bis ich erwähnte, dass diese *coronapositiv* sei. Sofort wurden wir abgewiesen, denn es gäbe keine Kapazitäten, um zu isolieren. Tatsächlich lag ebenjenes Hospital in einem Stadtteil, der zu dieser Zeit als Hotspot galt. Und dass die Isolation infektiöser Patienten einen Mehraufwand mit sich bringt, der sowohl räumlich wie auch personell gestemmt werden muss, leuchtet sicher jedem ein.

Also rief ich im nächsten Krankenhaus (drei Kilometer entfernt) an. Und auch hier schien zunächst die Tür offen, trotz Coronainfektion. Bis der diensthabende Arzt nach dem Einzugsgebiet fragte und ich daraufhin die Situation in Klinik A schilderte. Was jedoch nicht etwa auf Verständnis traf, sondern: „Alles Ausreden, die können sehr wohl isolieren. Ich sehe das nicht mehr ein, deren Arbeit zu machen, wir kriegen nur noch Coronapatienten von dort!" Die gleiche Antwort bekam ich im Krankenhaus C (vier Kilometer Fahrtradius), was letztlich dazu führte, dass wir in Klinik D (mittlerweile sieben Kilometer vom Einsatzort) nicht erwähnten, wo die Patientin wohnte. Dort konnten wir die Dame unkompliziert übergeben und wollten gerade wieder los, als es an der Fensterscheibe klopfte. Die Krankenpflegerin aus der Notaufnahme sah mich mit ernstem Blick an: „Du hast mir nicht gesagt, dass die Patientin aus dem Einzugsgebiet vom Krankenhaus A kommt!"

Auch hier stieß ich mit meinen Erklärungen auf taube Ohren und musste mir erneut anhören, dass es eine Frage der Einstellung in Klinik A sei und man sogar auf dem Flur isolieren könne.

Mag sein. Ich fürchte nur, der Rettungsdienst ist für diese Probleme nicht der richtige Ansprechpartner. Mein Vorschlag: Wie wäre es, wenn die Klinikchefs solche Streitpunkte unter sich klärten? Bevor wir mit den Patienten quer durch die Stadt gurken. Denn das war und ist kein Einzelfall: Nach diesem Erlebnis las ich einige Wochen später in der Zeitung von einem Rettungswagen, der mit einem Coronapatienten eine Stunde auf ein freies Bett warten musste. Warum, wurde nicht erwähnt. Aber ich habe mir meinen Teil gedacht.

Was derartigen Eskalationen zugrunde liegt, kann man nur mutmaßen. Reine Arbeitsverweigerung oder pure Boshaftigkeit wird es wohl nicht sein. Aber möglicherweise Personalmangel und Kostendruck. Und auch wir im Rettungsdienst spüren den Zwang zur Wirtschaftlichkeit, der teilweise schräge Ausmaße annimmt.

RETTUNGSDIENST UNTERM HAMMER

Nahezu jedes Bundesland (mit Ausnahme von Stadtstaaten wie Berlin, Bremen und Hamburg sowie dem Saarland) überträgt die Zuständigkeit für den Rettungsdienst an die Kreise und kreisfreien Städte. Diese sind also Träger des Rettungsdienstes und entscheiden somit über dessen praktische Umsetzung. Zum Beispiel kann die Berufsfeuerwehr mit der Durchführung des Rettungsdienstes beauftragt werden. Die Feuerwehr besitzt in der Regel eigene Rettungswagen, kann allerdings meist nicht alle erforderlichen Kapazitäten selbst stellen, da dies zu personalintensiv wäre. Also werden diese Leistungen *ausgeschrieben* und so kommen die *Hilfsorganisationen* (wie die Malteser, die Johanniter, der Arbeiter-Samariter-Bund oder das Deutsche Rote Kreuz), aber auch private Anbieter ins Spiel. Alle fünf Jahre oder bei Bedarf findet solch eine Ausschreibung statt. Dabei interessiert es übrigens nicht, ob Rettungswagen X bereits seit vielen Jahren von einer bestimmten Hilfsorganisation fest besetzt wurde. Jedes Unternehmen, das glaubt, den Arbeitsaufwand stemmen zu können, kann sich bewerben. So ist es durchaus möglich, dass ein etablierter Anbieter den Auftrag verliert. Und zwar nicht, weil die Qualität nicht stimmt, sondern weil er diesmal nicht das wirtschaftlichste Angebot abgegeben hat. Für die Rettungsdienstler, die solch ein Wechsel betrifft, stelle ich mir das einschneidend vor. Denn sie müssen nun entscheiden, ob sie zu dem neuen Anbieter gehen und damit gegebenenfalls über Jahre aufgebaute Vorzüge und ihre lieben Kollegen verlieren. Oder ob sie weitere Anfahrten in Kauf nehmen, sollten sie das Glück haben, dass der ursprüngliche Arbeitgeber sie auf einer anderen Rettungswache einsetzen kann. Der Beauftragungszeitraum beläuft sich in diesem Vergabespiel teilweise nur auf 25 Monate.[6] Danach ist wieder alles möglich, das Zittern der Beschäftigten kann von Neuem beginnen. Von Planungssicherheit und langfristiger Entwicklung der Mitarbeiter kann in solch einem System nur schwer die Rede sein. Zumal es überall anders ist und man in dem Organisationsdschungel kaum mehr durchblickt: Es gibt Kreise, die gründen eine gGmbH wie beispielsweise die Rettungsdienst-Kooperation in Schleswig-Holstein. Wieder andere Städte, wie zum Beispiel Bielefeld, fahren ein Mischmodell aus Hilfsorganisationen in einer gGmbH und der Berufsfeuerwehr. Überflüssig zu erwähnen, dass Ausstattung und Material wie auch das Verständnis von Notfallmedizin regional wechseln.

Nun erfährt dieses System, das ich als sehr uneinheitlich bis chaotisch bezeichnen würde, zunehmend Druck durch steigende Fallzahlen. Von 1994 bis 2017 ist die Anzahl an bedienten Einsätzen von unter zehn Millionen auf über 16 Millionen geklettert.[7] Parallel dazu wuchs die Zahl der Rettungswagen: Waren beispielsweise in einer Stadt früher zwei Rettungsmittel im Einsatz und ein drittes in Reserve, so sind es mittlerweile neun!

Die steigenden Einsatzzahlen führen neben einer Aufstockung der Rettungswagenflotte zu einem *erhöhten Personalbedarf.* Je nach Personalausfallfaktor und Schichtmodell benötigt man für einen rund um die Uhr besetzten RTW planerisch *elf Mitarbeiter.* Da erstaunt es nicht, dass einige Rettungswagen aufgrund von Personalengpässen nicht mehr besetzt werden können – selbst in der Hauptstadt nicht.[8] Und das, obwohl sich von 2012 bis 2021 die Anzahl der sozialversicherungspflichtig Beschäftigten im Rettungsdienst nahezu verdoppelt hat![9]

Aber wenn man sich das Schichtsystem genauer ansieht, wird schnell klar, dass man hier mit dem kleinen Einmaleins nicht weiterkommt. Machen wir also einen kurzen Ausflug in die Dienstplanmathematik, die mich immer an das Computerspiel Tetris erinnert (allerdings mit irrwitzigen gesetzlichen Regelungen).

Im Normalfall stehen vier Schichtmodelle zur Verfügung: 24-, 16-, 12- und 8-Stunden-Schichten. Welche, wie und wann zum Einsatz kommen, hängt im Wesentlichen von der Bedarfsplanung ab, welche den Tag in gleichmäßige und dienstplanerisch sinnvolle Zeitfenster aufteilt. Für jeden dieser Zeiträume, zum Beispiel 8 bis 12 Uhr, wird die Wahrscheinlichkeit berechnet, dass mehr als eins, zwei, drei, vier und so weiter Einsätze gleichzeitig erwartet werden können. Grundlage für diese Schätzung sind die Einsatzzahlen der letzten zwei bis fünf Jahre sowie deren durchschnittliche Dauer.

Dem Wirtschaftlichkeitsgebot entsprechend und mit einer gewissen Restwahrscheinlichkeit, dass es doch mal mehr Notrufe als einsatzbereite Wagen geben könnte, wird also für jedes Zeitfenster ein Bedarf an RTWs errechnet. Dies kann dazu führen, dass ein Rettungswagen von 8 bis 24 Uhr, sprich 16 Stunden, in Dienst gestellt wird. Für die Hilfsorganisation (oder andere Leistungserbringer), die diesen RTW mit Mitarbeitern besetzen muss, wäre es allerdings besser, wenn er 24 Stunden einsatzbereit wäre. Warum ist das so?

Geht ein Rettungswagen um 24 Uhr außer Dienst, hat das zur Folge, dass das Personal aufgrund der gesetzlichen Ruhezeit (festgelegt in Paragraf 5 ArbZG) bis 11 Uhr gesperrt ist. Das wiederum bedeutet, dass zum Beispiel eine Besatzung mit 16-Stundenmodell auf diesem Rettungsmittel keine zwei Dienste hintereinander bestreiten kann.

Der Leistungserbringer muss deshalb viel hin- und herschieben, bis er die errechnete Bedarfsplanung mit Leben füllen kann. Einfacher wäre es, einen kompletten Tag mit den regulären Schichtmodellen zu besetzen. Aber wenn es in der Nacht und den frühen Morgenstunden weniger Notrufe gibt, kann man eine Besetzung dieser Zeitspanne gegenüber den Kostenträgern, also den Krankenkassen, nicht rechtfertigen. Denn die möchten möglichst *preisgünstige Versorgungsmöglichkeiten* (Sozialgesetzbuch V, Paragraf 133).[10] Also heißt es für die Dienstplaner: weiter Kopfstand machen, bis alles passt. Zusätzlich müssen nämlich auch die Wochenstunden und gegebenenfalls Dienstwünsche der Mitarbeiter berücksichtigt werden. Oft ist das alles gar nicht unter einen Hut zu bringen.

Im Rettungsdienst beträgt die wöchentliche Arbeitszeit in der Regel *48 Stunden*, die allerdings nicht immer voll bezahlt werden. Wie kann das sein?

Zum einen werden pro Schicht 45 Minuten Pause eingerechnet und *pauschal* zwei Stunden Bereitschaft (damit wird Zeit bezeichnet, in der kein Einsatz gefahren wird) abgezogen. Und zwar ganz egal, ob man durchgerollt ist oder ausnahmsweise mal gemütlich einen oder zwei Kaffee trinken konnte (was leider viel zu selten der Fall ist). Dazu kommen unbezahlte Überstunden. In der Praxis kann sich das dann folgendermaßen darstellen, wie ein Kollege auf Instagram anklagt: „Wenn man denn ‚nur‘ vier Tage in der Woche 48 Stunden arbeiten würde. Wir sind schon lange mit fünf Tagen am Stück, also 60 Stunden, geplant – bezahlt werden wir allerdings für 39 Stunden pro Woche. Überstunden abfeiern kann man auch knicken, es gibt ja niemanden, der deinen Dienst übernehmen kann. Die Folge: Immer mehr kündigen. Eine unaufhaltsame Spirale."

Da klingt viel Unmut durch, und ich kann das nur allzu gut verstehen. Vor allem, weil die Anforderungen an Erholungspausen oft nicht gewährleistet sind. Selten kann man in Ruhe essen oder einfach mal auf die Toilette gehen. Immer ist ein Ohr am Einsatzmelder, der meist genau dann losgeht, wenn man gerade das Lunchpaket herausgeholt hat. Vielleicht können Sie sich vorstellen, dass man in solchen Momenten statt eines leckeren Mittag- oder Abendessens eine Menge Ärger runterschlucken muss. Insbesondere wenn Folgendes zusammenkommt: Man ist seit Stunden ununterbrochen im Einsatz, die Lasagne ist gerade aufgewärmt und der Patient, zu dem man in just diesem Augenblick gerufen wird, berichtet: „Ich habe *seit Tagen* folgende Beschwerden ..."

Und für solche Hausbesuche ohne jeden Notfallcharakter setzt man sein eigenes physisches und psychisches Wohlbefinden aufs Spiel? Denn die gesetzlich vorgeschriebenen Pausen haben ja einen Zweck: nämlich den Erhalt der Leistungsfähigkeit und Gesundheit der Mitarbeiter.

Nun könnte jemand Außenstehendes dagegenhalten, dass sicher nicht immer ein Einsatz den nächsten jagt und dazwischen „Leerräume" entstehen, in denen man sich regenerieren kann. Aber abgesehen davon, dass arbeitsbedingte Wartezeiten per Definition nicht als Pause zählen, haben wir zwischen den Einsatzfahrten jede Menge zu tun: beispielsweise Medikamente auffüllen und bestellen, dokumentieren und, besonders zeitintensiv, den Rettungswagen putzen und desinfizieren. Das klassische „Rumsitzen", das uns oft unterstellt wird, gibt es aus meiner Sicht gar nicht mehr in dem Maße, wie es vielleicht noch vor einigen Jahren der Fall war. Und selbst wenn man mal einen Moment zur Ruhe kommt: Nach oder vor einer Reanimationssituation kann es sicher nicht schaden, kurz Kraft zu tanken.

Natürlich lassen wir das Genervtsein über diese gefühlte und reelle Ausbeutung nicht an den Patienten aus, schließlich können die am allerwenigsten etwas dafür. Aber ehrlich gesagt möchte ich selbst nicht von einem unterzuckerten und überarbeiteten Rettungsdienstler behandelt werden. Denn wer ohne Pause durchrotiert, könnte Fehler machen. Und die darf man sich in unserem Job nicht leisten. Ich gehe sogar noch einen Schritt weiter und behaupte, dass im Rettungsdienst über die geistige und körperliche Leistungsfähigkeit hinaus Enthusiasmus und voller Einsatz gefragt sind: *mit Herz und Seele.* Viele von uns kommen mit genau dieser Einstellung und Vorfreude zum Rettungsdienst. Sie starten mit viel Energie und der bedingungslosen Bereitschaft, zu helfen und zu retten. Sie geben mehr als 100 Prozent – und sind nach nur wenigen Jahren ausgebrannt und desillusioniert. Das fühlt sich nicht okay an, und das ist es auch nicht. Vor allem, wenn man etwas ändern kann. Doch dazu muss man die Missstände erst erkennen und in Gänze verstehen.

DIE TEUERSTEN GEPÄCKTRÄGER DER WELT

Bevor wir jedoch tiefer in die (dunkle) Materie des Rettungswesens einsteigen, machen wir einen kleinen Ausflug mit dem RTW. Dass dies kein Lieferwagen mit Trage, bunten Streifen und lustiger Lichtorgel ist, scheint logisch. Dennoch ist dies offenbar nicht allen klar. Das bemerkt man an den vielfältigen Gepäckstücken, die uns Patienten oder Angehörige in die Hände drücken: Koffer, die an Kleiderschränke erinnern, Gehhilfen aller Art und prall gefüllte Sporttaschen. Nur Vogelkäfige hatten wir noch nicht dabei. Aber das ist sicher nur eine Frage der Zeit. Daher an dieser Stelle mein Appell: Nehmen Sie im Notfall nur das Nötigste mit! Ein Rettungswagen ist nicht dafür konzipiert, als Umzugsmobil genutzt zu werden. Es handelt sich dabei um eine Spezialanfertigung, angepasst an die Bedürfnisse des jeweiligen Rettungsdienstbereichs. Die Basis ist ein Transporterfahrgestell mit einer Fahrerkabine und vier Rädern. Darauf setzen spezialisierte Hersteller den Aufbau (auch „Koffer" genannt) und so entsteht ein Rettungswagen. Der Koffer ist etwas breiter als ein gewöhnlicher Lieferwagen, von der Länge allerdings vergleichbar. Er verfügt über eine eigene Klimaanlage und Stromversorgung. Das ist übrigens der Grund, warum der Motor eines Rettungswagens an der Einsatzstelle weiterläuft (und nicht, weil wir Ökobanausen sind). So wird das Leerlaufen der Batterien, welche Heizung, Medikamentenkühlschrank und die Medizingeräte mit Strom versorgen, vermieden. Es ist also eine Menge drin in dem Kastenaufbau. Obwohl die Hersteller sich Mühe geben, so viel Raum wie möglich aus ihren Modellen herauszuholen, bleibt der Platz begrenzt und jeder Quadratzentimeter wird ausgeschöpft.

An den Innenwänden hängen medizinische Geräte an Ladestationen, die Frontseite ist mit Apothekerschränken und einer kleinen Arbeitsfläche zum Aufziehen von Medikamenten belegt. Das Herzstück ist der Tragetisch, welcher sich in der Mitte des Aufbaus befindet. Drum herum ist es so eng, dass zwei Kollegen sich nicht aneinander vorbeischieben können.

Und jetzt stellen Sie sich vor, jeder Patient bringt noch einen Trolley und eine Handtasche mit: Wo bitte schön soll das hin? Auf den Schoß des Fahrers? Oder neben die Trage, sodass wir während der Patientenversorgung darüber stolpern? Und bei einer Vollbremsung von herumfliegenden Gepäckstücken getroffen werden?

Vereinzelt gibt es Rettungswagen, die an einer Innenwand über Spanngurte zum Sichern von Gegenständen verfügen, was allerdings zulasten des ohnehin begrenzten Raums geht. Ich bin der Meinung, dass wir nicht über Gepäckablagen in RTWs nachdenken müssen, sondern klar kommunizieren sollten, wofür dieses Fahrzeug ist: um *Notfallpatienten* zu transportieren. Und die dürften doch in der Regel keine Zeit und Kraft haben, um Koffer zu packen.

Da wir jedoch zunehmend als Taxi gebucht werden, bemängeln viele unserer Klienten dieses fehlende Serviceangebot. Vorschlag: Vielleicht könnten wir den Defibrillator ausbauen, dann hätten wir Platz für Kosmetiktaschen. Die haben wir schließlich viel häufiger an Bord als einen Patienten mit Herzstillstand.

Mein persönliches Highlight war eine Verlegung, die von der Klinik als „liegend" bestellt wurde. Wir sind also mit der Trage auf die Station gekommen, wo uns ein gehfähiger Patient erwartete. Warum also war der Transport als liegend markiert worden? Darauf antwortete die Krankenpflegerin recht pragmatisch: „Wegen des Gepäcks. Das ist so viel, das könnt ihr auf die Trage legen."

Mir klappte erst mal der Mund auf, mein Kollege sah aus, als wisse er nicht, ob er losheulen oder lachen soll. Letztlich haben wir die sage und schreibe *vier* Reisetaschen auf die Krankentrage gehievt und sind mit ihnen und ihrem Besitzer zum Zielort gefahren. Ich habe diesen Wahnsinn in einem meiner ersten Instagram-Posts festgehalten. Wer Interesse hat oder es schlicht nicht glauben kann, darf sich dort gern den Fotobeweis ansehen.

Doch es geht noch besser. In unserem Podcast schlossen wir die Mitnahme von Assistenzhunden aus. Da sind die Halter allerdings ganz anderer Meinung: Sie reklamieren einen unbestreitbaren Anspruch, den Hund in einem Rettungswagen mitzuführen. Gibt es hierfür eine Regelung? Meines Wissens nach nicht.

Was ich jedoch mit Sicherheit weiß, ist, dass normale Hunde nicht in Supermärkte oder Kindergärten mitgenommen werden dürfen: sei es aus hygienischen Gründen, weil die Haare Allergien auslösen könnten oder weil das laute Umfeld für das Tier Stress bedeutet und es ungewohnt, sprich auch aggressiv, reagieren könnte. Nun sind Assistenzhunde natürlich keine gewöhnlichen Tiere und der Patient ist im Alltag auf sie angewiesen. Befindet sich der Betroffene jedoch in einer Notfallsituation mit vielen (menschlichen) Helfern an der Seite, stellt sich die Frage, ob der Hund in diesem Fall dringend benötigt wird. Denn denken wir die Situation mal weiter: Was passiert mit dem Tier, wenn sich der Patient einer notfallmäßigen Operation unterziehen muss oder auch nur stationär aufgenommen wird? Wo bleibt der Hund dann? An der Rezeption?

Trotzdem wird erst mal gefordert, dass Assistenztiere in einem Fahrzeug mitgeführt werden, welches eigentlich für den Transport von Menschen vorgesehen ist und das über keine Hundetransportboxen verfügt, wie es die Verkehrssicherheit vorschreibt. Rettungsdienstbereiche, in denen Patienten mit einem Assistenzhund leben, handhaben das so: Der Hund darf sich zum Patienten auf die Trage legen und der Rettungswagen fährt entsprechend vorsichtig. Sie können selbst entscheiden, wie Sie das finden. Ich schwanke zwischen Menschlichkeit und Verantwortungslosigkeit. Leider ist zu befürchten, dass, wenn es zu einem Unfall kommt, die Versicherungen und der Gesetzgeber die zwischenmenschliche Komponente in der Argumentation nicht berücksichtigen.

An diesem Beispiel sieht man gut, in welchem Spannungsfeld wir uns tagtäglich bewegen. Wir werden offenbar als Helfer für alle Lebenslagen gesehen und sollen dabei jedem gerecht werden. Was schlicht unmöglich ist: Entweder genügen wir dem Patienten und seinen Ansprüchen nicht oder wir verletzen unsere eigenen Grenzen. Oft sind zusätzlich die Angehörigen oder die weiterbehandelnde Klinik nicht zufrieden. Und daheim ist der Partner oder die Partnerin genervt, weil man schon wieder Überstunden machen muss. Klingt nach einer Lose-lose-Situation? Ist es auch.

RETTER MIT
KRANKEM HERZ
UND KAPUTTER
SEELE

Ich kenne niemanden, der beim Rettungsdienst anfängt und das nur als Job sieht, mit dem er Miete und Rechnungen bezahlt. Jeder hat vielleicht eine etwas andere Motivation: Die eine interessiert sich für die medizinischen Inhalte, den Nächsten begeistern die Abwechslung und der Nervenkitzel bei jedem Einsatz und manch einer schätzt den sozialen Aspekt. Wir alle haben allerdings den Wunsch, etwas Sinnvolles zu tun, mit unserer Arbeit Wert zu schaffen – und was ist wertvoller als das Leben? Doch wie hoch ist der Preis, den wir dafür bezahlen? Und was bekommen wir im Gegenzug zurück?

Es wird Sie erstaunen, vielleicht sogar entsetzen, in welche Schieflage die Balance zwischen Geben und Nehmen im Rettungsdienst geraten ist.

PRIVATLEBEN? SCHWIERIG.

Wie wir am einfachen Beispiel der Erholungspausen gesehen haben, verlangt der Rettungsdienst seinen Mitarbeitern ab, dass sie ihre Bedürfnisse während der Dienstzeit, sprich bis zu 24 Stunden, zurückstellen. Ein kurzes Telefonat mit der Ehefrau, dem Kind eine gute Nacht wünschen, der Oma zum Geburtstag gratulieren: Fehlanzeige! Und das gilt auch für Ostern oder die Weihnachtsfeiertage. Für mich, christlich aufgewachsen und gewohnt, diese Feste im Kreise meiner Familie zu begehen, war es das erste Mal wirklich hart, an Heiligabend Dienst zu leisten. Von der romantischen Vorstellung, dass man es sich mit netten Kollegen auf der Wache gemütlich macht, wird man (sollte man sie gehabt haben) schnell geheilt. Zum einen, weil nicht alle Kollegen kulturkreisbedingt Weihnachten zelebrieren, zum anderen kann es passieren, dass man die ganze Nacht unterwegs ist und (so wie sonst auch) nicht mal in Ruhe zum Essen kommt. Wenn es sich dann noch um Bagatelleinsätze handelt, ist man restlos bedient und fragt sich, warum man sich das eigentlich antut.

Eine weitere Situation, in der bei mir derartige Zweifel zusammen mit reichlich Galle hochkommen, ist die Alarmierung kurz vor Feierabend. Und mit kurz meine ich nur wenige Minuten! Das ist im Rettungsdienst leider keine Seltenheit. Denn der Dienst gilt für die Zeit, in der das Rettungsmittel für eine Alarmierung zur Verfügung steht. Ich habe es schon oft erlebt, dass wir zwei Minuten vor Feierabend alarmiert wurden, nachdem wir bereits 11 Stunden und 58 Minuten ununterbrochen unterwegs gewesen waren. Da ist man erst mal pappsatt. Denn bei einer mittleren Einsatzdauer von 60 Minuten reden wir von mindestens 13 Stunden Dienstzeit, bis man überhaupt den Rettungswagen auf der Wache abstellen kann. Danach geht man allerdings nicht nach Hause: Erst muss noch dokumentiert und das Rettungsmittel wieder startklar gemacht werden. Wenn das Schicksal es zusätzlich mies mit einem meint, war der Patient infektiös und man muss das gesamte Fahrzeug desinfizieren. Somit endet der Dienst nicht wie geplant um 19:30, sondern erst um 21 oder gar 22 Uhr.

Dass man zu diesem späten Zeitpunkt nicht nur fix und fertig, sondern auch schlecht gelaunt ist, leuchtet sicher ein. Was hinzukommt: Auch die Leute in deinem Umfeld sind genervt. Wie oft musste ich Kinobesuche aufgrund ungeplanter Überstunden absagen. Und ich wette, dass viele Rettungsdienstler schon mal Stress mit ihren Liebsten hatten, weil er oder sie viel zu spät nach Hause kam. Wie so oft.

Dies führt letztlich dazu, dass man sich vor verbindlichen Verabredungen nach Dienstschluss scheut. Dass man seine freie Zeit für potenzielle Last-minute-Einsätze blockt, statt sie für Erholung und ein bisschen Leben zu nutzen. Warum? Weil man niemanden enttäuschen will, auch sich selbst nicht. Denn ein zusätzlicher Einsatz lässt sich deutlich leichter ertragen, wenn man keinen Fußballabend mit Freunden oder ein charmantes Date im Hinterkopf hat, dem man dann auch noch erklären muss, warum es nicht klappt.

Hier offenbart sich, wie stark der Rettungsdienst in das Privatleben seiner Mitarbeiter vordringt und ihm sogar schaden kann. Und was bekommt man dafür?

Beginnen wir mit den vertraglich zugesicherten Leistungen. In der Regel erhält man neben dem Festgehalt Zuschläge für Schicht- und Wechselschicht. Sonn- und Feiertagsarbeit wird darüber hinaus vergütet, es gibt eine betriebliche Altersvorsorge und überschaubare vermögenswirksame Leistungen wie eine kleine monatliche Bezuschussung zum Bausparvertrag. Weitere Absprachen variieren von Anbieter zu Anbieter. Selbst innerhalb einer Hilfsorganisation können die Stellenausschreibungen sowie die Vergütungspositionen je nach Ortsverband unterschiedlich ausfallen. Von einem bundeseinheitlichen und *fairen Gesamtpaket* für jeden Notfall- und Rettungssanitäter kann jedenfalls nicht die Rede sein.

Konkret kann sich das folgendermaßen darstellen, wie ein Kollege auf Instagram schrieb: „Und dann werden wir Rettungsdienstler noch nicht mal angemessen bezahlt. Ist doch nicht normal, dass ein 40-jähriger Rettungsassistent, Steuerklasse 1, mit Ach und Krach 2000 netto verdient. Das bekommen 25-jährige in Handwerksberufen: Was läuft da falsch?"

Selten wird mehr geboten, als gesetzlich vorgeschrieben ist. Nur bei den Urlaubsansprüchen, das will ich nicht abstreiten, stehen wir mit bis zu 30 Tagen tatsächlich gut da. Doch auch hier muss ich einschränkend erwähnen, dass eine Vollzeitkraft im Rettungsdienst jährlich 280 Stunden *unbezahlt* auf der Arbeitsstätte ist. Ich meine damit die „Bereitschaftszeit", welche pauschal in jeden 12- oder 24-Stunden-Dienst, egal wie er läuft, mit zwei Stunden pro Schicht einberechnet wird. Damit sollen jene Phasen erfasst (und vom Lohn ausgeschlossen) werden, in denen kein aktiver Einsatz gefahren wird. Diese vom Arbeitgeber vordefinierte „Wartezeit" entspricht locker 23 Diensten (und zwar im 12-Stunden-Schichtsystem!) jährlich. Wenn man von der mittleren Beschäftigungsdauer im Rettungsdienst von etwa 11 Jahren ausgeht, summiert sich dies auf 3 080 Stunden oder 256 Arbeitstage, die man ohne Vergütung auf der Wache verbringt. Fast ein ganzes Lebensjahr: Irre, oder? Da tröstet es auch nicht, wenn tatsächlich mal Leerlauf ist. Echte Erholung erfährt man dann nämlich trotzdem nicht. Und vor diesem Hintergrund relativiert sich auch der etwas überdurchschnittliche Urlaubsanspruch.

Manchmal mache ich mir den Spaß und überfliege Jobangebote der freien Wirtschaft. Zum Lachen ist mir danach meist nicht mehr zumute. Natürlich weiß ich, dass der Rettungsdienst keine Homeoffice-Angebote und Gratisprodukte bieten kann. Aber bei Zusatzleistungen wie Jobtickets für die Fahrt zur Arbeit in öffentlichen Verkehrsmitteln oder Sportangeboten, um Rückenbeschwerden vorzubeugen, stutze ich. Wäre das nicht auch im Rettungswesen möglich?

Doch da stoßen wir wieder auf das Wirtschaftlichkeitsgebot, das die Ausschreibungen und somit die gesamte Finanzierung des Rettungsdienstes beherrscht. Die Hilfsorganisationen, die 80 Prozent des Rettungsdienstes betreiben[11], haben nicht die gleichen finanziellen Spielräume wie börsennotierte Unternehmen. Für Investitionen in die Mitarbeiterzufriedenheit bleibt bei den Sparzwängen im Gesundheitswesen einfach wenig übrig.

Dass nicht nur die Rettungskräfte unglücklich mit den Arbeitsbedingungen sind, sondern auch deren Angehörige, wird meist vergessen. Insbesondere Kinder leiden unter dem Dienststress ihrer Eltern. Die *Vereinbarkeit von Familie und Beruf* ist im Rettungswesen noch Zukunftsmusik. Eine Kollegin und Mutter schieb dazu auf Instagram: „Wenn deine Kinder es gewohnt sind, dich unter der Woche gar nicht mehr zu sehen, ist ein Punkt erreicht, an dem Schluss ist."

Ich kenne Paare, beide im Rettungsdienst tätig, die ihre Dienste so legen, dass sie sich gegenseitig ablösen, damit einer für das Kind da sein kann. Das geht so weit, dass sich die Eltern auf der Wache die Klinke und ihr Kind in die Hand geben. Schrecklich. Aus Sicht des Kindes hat es (freie Tage ausgenommen) stets nur einen Elternteil zur Verfügung. Als Familienleben kann man das nur schwer bezeichnen. Zu der ohnehin hohen Belastung für solche Familien kommt der Stress bei der Dienstplangestaltung: Nicht immer treffen besondere Lebensumstände auf Verständnis und Rücksichtnahme im Kollegium, gerade wenn man selbst wieder unbeliebte Nachtdienste am Wochenende abgegriffen hat. Das hört sich vielleicht etwas egoistisch an, aber ich glaube, es ist eine unbewusste Form des Selbstschutzes, möglichst attraktive Dienste zu bekommen. Denn das Schichtsystem an sich ist bereits ein enormer Stressor für Körper und Seele. Und es macht tatsächlich einen Unterschied, welche Dienste man in welchem Rhythmus hat. Rasch wechselnde Schichten zwischen Tag und Nacht sind zum Beispiel ein absoluter Killer: Irgendwann ist man komplett im Jetlag.

Damit Sie eine Idee davon bekommen, wie schlauchend das Schichtsystem ist, beschreibe ich Ihnen einmal einen typischen Freitag-Samstagnacht-Block: Er beginnt damit, dass ich mich freitags um 16 Uhr hinlege, damit ich die geforderte Leistung überhaupt erbringen kann. Dann geht es um 18:30 Uhr zum Nachtdienst, der meistens am Folgetag gegen 7 Uhr endet. Eine Stunde später falle ich todmüde ins Bett und hole bis etwa 13 Uhr den verpassten Schlaf nach (der nicht die gleiche Qualität wie ein Nachtschlaf hat, das würden mir Schlafmediziner sicher bestätigen). Anschließend habe ich etwas Zeit, um Einkäufe zu erledigen oder Sport zu treiben, bevor es dann erneut um 18:30 Uhr losgeht. Am Sonntag dann hänge ich meist total durch, da mein Körper irgendwie nicht kapiert, in welcher Zeitzone er sich gerade befindet. Fast noch eine Ecke schärfer sind die Nachtdienste unter der Woche, in denen man nie weiß, wie viel zu tun sein wird. So legt man sich beispielsweise nach ein bis zwei Einsätzen gegen 24 Uhr aufs Ohr, ist nach zwei Stunden voll in der Tiefschlafphase und dann geht, BÄM, der Melder! Meine Pulsuhr flippt in solchen Momenten komplett aus: Von 40 Herzschlägen pro Minute auf 110 innerhalb von drei Sekunden. Man muss nicht vom Fach sein, um zu erkennen, dass dieses Aufschrecken auf Dauer nicht gesund ist. In meinen ersten Jahren beim Rettungsdienst fand ich Nachtdienste unglaublich aufregend und habe sie oft freiwillig gemacht. Mittlerweile merke ich die Auswirkungen, und ich möchte mir gar nicht vorstellen, wie das erst in dreißig Jahren aussieht. Diesen Raubbau am Körper können auch Zuschläge nicht aufwiegen, wie ein Kollege aus eigener Erfahrung zu berichten weiß: „Bis ich vierzig war, habe ich mir keine Gedanken gemacht und es bis zu einer 60-Stundenwoche ausgereizt. Dann, nach 20 Jahren im Beruf, kurzen Wechseldiensten, kaum Ruhe und Erholung hat es sich gerächt: Nun bin ich zu 60 Prozent schwerbeschädigt und arbeite in Teilzeit. Und das nur, weil ich meinen Beruf noch immer liebe. Doch es ist anders, wenn man nicht mehr 100 Prozent geben kann, weder physisch noch psychisch! Jeder ist ersetzbar, das habe ich gelernt, und nichts ist wichtiger als die eigene Gesundheit und die Familie."

Zwar gibt es bereits Softwarelösungen, die die Belastung der Rettungskräfte reduzieren sollen, indem beispielsweise immer der RTW als Erstes alarmiert wird, dessen letzter Einsatz am längsten zurückliegt. Solche Innovationen nutzen allerdings nicht viel, wenn man der einzige Rettungswagen in Bereitschaft ist. Ich selbst bin in einer 24-Stunden-Schicht schon mal 22 Einsätze gefahren. Bei einer mittleren Einsatzdauer von 60 Minuten bedeutet dies, dass mein Kollege und ich rund um die Uhr ununterbrochen wach waren. Dabei reicht es nicht, lediglich die Augen offen zu halten, sondern man muss geistig und körperlich voll da sein. Als in jener Horrorschicht endlich der Morgen graute, konnte ich mich vor Müdigkeit kaum noch auf den Beinen halten und habe gebetet, dass der nächste Patient nicht lebensbedrohlich erkrankt ist. Das darf doch nicht sein, oder? Ich jedenfalls hoffe, dass im Notfall kein halb toter Rettungssanitäter zu mir oder meinen Angehörigen geschickt wird: für uns, wie auch für den armen Kerl.

BILDER, DIE MAN NIE VERGISST

Dass wir stets 100 Prozent geben müssen, egal ob tags oder nachts, ob wir zwischendurch essen, trinken oder schlafen konnten, habe ich bereits ausgeführt. Zu diesem körperlichen Stress kommen die *seelischen Belastungen*, denen das Rettungspersonal ausgesetzt ist. Bei jedem Einsatz können wir Situationen erleben, die uns für immer verändern. Wir sehen Tod und Leid, Schmerz und Kummer: und können manchmal nicht mehr tun, als all das in uns aufzunehmen. Das geht nicht spurlos an einem vorüber.

Dennoch wird selten darüber gesprochen. Nach außen sind wir die unerschütterlichen Profis, den Rest machen wir mit uns selbst ab. Psychische Verletzlichkeit wird auch im aufgeklärten

21. Jahrhundert kaum zugegeben. Zu hoch scheint immer noch die Stigmatisierung. Dabei ist es mehr als logisch, dass man zutiefst erschüttert ist, wenn ein Mensch unter den eigenen Händen während einer Reanimation stirbt, wenn man schwer verletzte Kinder versorgt und das Herz von Angehörigen brechen sieht: Schließlich sind wir keine Maschinen. Dennoch gibt es für uns kaum systematische psychologische Angebote, die bei der *gesunden Verarbeitung* traumatischer Erlebnisse unterstützen können. Von einem präventiven Ansatz, der uns schult, mit den alltäglichen Stressoren wie dem Schichtdienst umzugehen, ganz zu schweigen.

Und so kommt es nicht selten zu Phänomenen wie Abstumpfung oder der Distanzierung im Umgang mit dem Tod, was ich selbst schon bei Kollegen bemerkt habe.[12] Was dem zugrunde liegt und ob diese Schutzmechanismen helfen oder eher hinderlich sind, kann ich nicht beurteilen. Aber ich weiß aus meinem Berufsumfeld, dass Rettungsdienstler mit einer *posttraumatischen Belastungsstörung* (PTBS) keine Einzelfälle sind. Dabei kommt es nach einem sehr traumatischen Ereignis (das können beispielsweise schwere Unfälle, Katastrophen oder Gewaltverbrechen sein) zu Albträumen, Flashbacks, Vermeidung von Situationen, die an das Trauma erinnern könnten, Schreckhaftigkeit, Reizbarkeit, Schlafstörungen, aber auch zu einer Teilnahmslosigkeit der Umgebung und anderen Menschen gegenüber bis hin zu Suizidgedanken.[13] Ich finde, das klingt wirklich schlimm; nach verlorener Lebensfreude und schmerzhaften seelischen Wunden, die wir uns jederzeit im Einsatz zuziehen können.

Trotzdem wird eine PTBS im Rettungsdienst nicht ohne Weiteres als Berufserkrankung akzeptiert.[14] Warum, ist mir ein Rätsel.

Denn was wir tagtäglich erleben, geht sehr oft an die persönliche Schmerzgrenze. Und manchmal auch darüber hinaus.

Ein Dienst wird mir ewig in Erinnerung bleiben. Ich war zwanzig und gerade anderthalb Jahre dabei. Alles war spannend und irgendwie cool, wir vom Rettungsdienst waren stets Herr der Lage, uns konnte nichts erschüttern. Bis zu jenem Tag.

Es schien eine Nacht zu werden wie jede andere auch: Wir ärgerten uns über Baustellen und einen Einsatz um 3 Uhr in der Früh im Altenheim bei einem Patienten mit allgemeiner Schwäche, bestehend seit drei Wochen ohne einen einzigen Hausarztkontakt. In der Folge bekamen wir noch eine Beschwerde der Altenpflegerin auf den Tisch und wollten einfach nur, dass dieser Dienst endlich zu Ende war. Doch das Schicksal hatte andere Pläne.

Es war 5:45 Uhr als unser Melder ging: *akute Atemnot, Kind, 12 Wochen alt.*

Ich weiß noch genau, wie mein Kollege sagte, während er den Rettungswagen startete: „Ich glaube nicht, dass das Kind wirklich eine akute Atemnot hat! Bestimmt ist es etwas Harmloses." Dazu muss ich erklärend hinzufügen, dass der Rettungsdienst des Öfteren zu übermäßig dramatisch geschilderten Meldebildern im Zusammenhang mit Kindern gerufen wird. Meist ist die Situation vor Ort aber eher unkritisch: Der Klassiker ist der *Fieberkrampf*, welcher typischerweise Kinder zwischen dem sechsten Lebensmonat und dem fünften Lebensjahr betrifft. Im Rahmen eines fieberhaften Infekts kommt es zu einem Krampfanfall mit Muskelzuckungen, Bewusstseinsverlust und einer Blaufärbung der Lippen, weil das Kind kurzzeitig nicht richtig atmet. In der Regel dauert solch ein Anfall nur ein paar Minuten und das

Kind erholt sich danach rasch. Selten kommt es zu einem komplizierten Verlauf, der eine Gabe von Medikamenten erfordert.[15] Für die Eltern jedoch ist ein blaues, bewusstseinsgetrübtes Kind natürlich schockierend, was dazu führt, dass diese Einsätze oft als „Reanimation Kind" angemeldet werden. Bei unserem Eintreffen ist allerdings in den meisten Fällen schon alles wieder in bester Ordnung. Zum Glück.

Ein weiteres Erkrankungsbild des Säuglings- und Kleinkindalters, das mir an jenem Abend durch den Kopf schwirrte, war der *Pseudokrupp*. Ausgelöst durch eine Virusinfektion kommt es bei den betroffenen Kindern insbesondere nachts zu bellendem Husten und Atemnot. Allgemeinmaßnahmen wie aufrechte Lagerung und kühle feuchte Luft können Linderung bringen, manchmal bedarf es jedoch einer Cortisongabe.[16]

Doch keine dieser beiden häufigen und meist unproblematischen Kinderkrankheiten sollte es diesmal sein.

Der Einsatzort lag um die Ecke, der Notarzt war bereits da. Wir packten routiniert unser Equipment und gingen ebenfalls ins Haus. Das Treppenhaus war hell und freundlich, jemand schrie. Das ist zunächst nicht ungewöhnlich, denn Babys schreien nun mal. Doch plötzlich wurde mir bewusst: das waren nicht die Schreie eines Kindes. Sie gingen mir durch Mark und Bein und vertrieben jede Restmüdigkeit. Mein Kollege und ich sahen uns gleichzeitig an, eine böse Vorahnung lag in seinem Blick, mein Magen verkrampfte sich. Noch bevor wir unsere Befürchtungen aussprechen konnten, kam uns der Fahrer des Notarzteinsatzfahrzeugs mit ernstem Gesicht entgegen und sagte kurz und knapp: „Exitus letalis" (lat. für tödlicher Ausgang einer Krankheit).

Diese zwei Worte trafen mich mit der Wucht eines Faustschlags. Selbst heute, Jahre später, rieseln mir kalte Schauer über den Rücken, während ich diese Zeilen schreibe.

Wie ferngesteuert lief ich weiter, immer den Schreien folgend. Das Bild, das sich mir bot, als ich den Einsatzort betrat, werde ich nie vergessen: In einem Kinderzimmer mit niedlichem Bettchen und Pastellfarben an den Wänden kauerten zwei Frauen auf dem Boden. Es sah aus, als hätte ein schwerer Schicksalsschlag sie niedergeworfen. Die eine hatte ihren Körper schützend über ein Baby gelegt und wiegte es sanft in ihren Armen. Ganz friedlich und ruhig lag das Kind da, als würde es nur schlafen. Ich weiß noch, wie ich wünschte, es würde die Augen öffnen und herzhaft losschreien, um uns allen zu beweisen, dass noch Leben in ihm war. Aber der Säugling blieb still, nur das Schluchzen der Mutter war zu hören. Da half auch mein innigstes Wünschen nicht. Die zweite Frau, die Tante des gerade mal drei Monate alten Babys, war leichenblass, das Gesicht in einem stummen Schrei erstarrt.

In diesem Moment habe ich mich so hilflos gefühlt wie noch nie zuvor. Ich hatte die modernste medizinische Ausrüstung auf dem Rücken – und konnte nichts tun. Und so stand ich nur da und sah dem Notarzt dabei zu, wie er den Totenschein ausfüllte.

Der Säugling war am *plötzlichen Kindstod* verstorben. Die genaue Ursache dieser vor allem in den ersten Lebensmonaten bis Ende des ersten Lebensjahrs vorkommenden Todesart ist bis heute nicht vollends geklärt. Im Jahr 2020 betraf dies 84 Kinder, das sind 0,01 Prozent gerechnet auf 773 144 Geburten. Um die Gefahr eines plötzlichen Kindstods zu verringern, lassen sich lediglich Risikofaktoren beschreiben, die es zu vermeiden gilt: So sollte man beispielsweise kein Kopfkissen und keine Bettdecke nutzen, dafür einen gut sitzenden Babyschlafsack. Eine rauchfreie und nicht zu warme Umgebung ist wichtig, ebenso eine feste Matratze und keine Kuscheltiere oder Nestchen. Das Kind sollte zudem auf dem Rücken liegen.[17] Die Aufklärung über diese vorbeugenden Maßnahmen hat zu einem deutlichen Rückgang der plötzlichen Kindstode geführt. Doch das tröstet die Betroffenen nicht. Vor allem, wenn sie alles dagegen unternommen haben, alles richtig gemacht haben – so wie die Familie, bei der ich mit meinen plumpen Schutzschuhen auf dem hübschen Spielteppich stand und mir vorstellte, dass das *Warum-ausgerechnet-unser-Baby* sie nun wohl ein Leben lang begleiten würde. Diese traurigen Gedanken liefen durch meinen immer noch geschockten Kopf, während die Mutter mit dem toten Kind im Schoß weinte und den Notarzt anflehte, bitte irgendetwas zu tun. Doch der schüttelte nur bedauernd den Kopf und fragte sie einfühlsam und mit einer professionellen Ruhe, für die ich ihn in dieser Ausnahmesituation bewunderte, ob sie etwas zur Beruhigung haben wolle.

Ich selbst hätte vielleicht auch etwas gebraucht. Viel lieber jedoch wäre ich weggelaufen. Es ist wohl ein Schutzreflex, sich einer schlimmen Situation entziehen zu wollen. So, wie man in der Mittagssonne den Schatten sucht. Diesem natürlichen Impuls muss man im Rettungsdienst oft widerstehen, schließlich sind wir die Helfer vor Ort. Und auch wenn wir in diesem Fall nichts mehr für den kleinen Patienten tun konnten, so blieben wir, bis die Polizei eintraf und den Leichnam für den Bestatter freigab. Für den Fall, dass die Mutter zusammenbrach, wenn man ihr Kind in den Sarg legte.

Fast eine Stunde waren wir in dieser bedrückenden Atmosphäre. Irgendwann kam der Kindsvater, er war auf der Arbeit gewesen. Er brach in Tränen aus und sackte in sich zusammen. Und man selbst steht sprachlos und wie ein unnützer Fremdkörper daneben. Was sollten wir auch tun?

Ein Notfallseelsorger wurde gerufen, es war sein erster Einsatz, man spürte seine Unsicherheit. Dem jungen Kollegen von der Polizei zitterten die Hände, als er Fotos vom Fundort und dem winzigen Leichnam schoss. Meine innere Anspannung und gleichzeitige Erschöpfung wuchsen von Minute zu Minute und waren kaum mehr auszuhalten. Ein eindringliches Hupen riss mich aus der merkwürdigen Starre, in die ich verfallen war. Draußen schien irgendwas nicht in Ordnung zu sein. Ich bot mich an nachzuschauen und lief erleichtert, endlich etwas tun zu können, raus. Ein Lastwagen kam an unserem RTW nicht vorbei, dahinter hatte sich bereits ein kleiner Stau gebildet. Ich blickte in genervte Mienen hinter Windschutzscheiben und konnte einen Moment lang nicht glauben, dass sich die Welt hier draußen einfach weiterdrehte, während sie nur wenige Schritte hinter mir für eine Familie auseinanderbrach.

Ich drehte mein Gesicht zum Himmel und sog die frische Morgenluft tief in meine Lungen. Die Sonne ging gerade auf und verscheuchte das nächtliche Regengrau. Es schien ein schöner Tag zu werden. Ich war dankbar dafür, ihn erleben zu dürfen.

Wieder hupte es. Wut kochte in mir hoch: Am liebsten hätte ich laut geschrien, dass hier gerade eine Familie ihr Kind verloren hatte und sie doch einfach außen rumfahren sollten. Aber dafür hatte ich keine Kraft mehr.

Selbst für das Angebot des Notarztes, in Ruhe über das Erlebte zu sprechen, waren mein Kollege und ich zu erschöpft, sodass wir darauf verzichteten. Auf der Wache angekommen durchlöcherten uns die Kollegen mit Fragen: wo wir herkämen und was denn los gewesen sei. Ich wollte ihnen antworten, aber ich konnte nicht. Die Worte steckten in meinem Hals fest und meine Knie wurden plötzlich weich. Nachdem mein Kollege von dem Einsatz berichtet hatte, boten uns die anderen umgehend an, darüber zu reden. Ich lehnte ab. Damals dachte ich: Das wird schon wieder, eine ordentliche Mütze Schlaf und dann ist alles bald vergessen. Wie falsch ich lag. Ich habe diese Eindrücke und Empfindungen noch lange mit mir rumgetragen. Und empfehle jedem, dem Ähnliches widerfährt, Hilfe anzunehmen.

Leider gab es im Verlauf keine weiteren Gesprächsangebote, zumindest nicht seitens des Arbeitsgebers oder anderer offizieller Stellen. Ein systematisches Aufarbeiten von einschneidenden und besonders belastenden Einsätzen und das psychologische Auffangen von Mitarbeitern sind im Rettungsdienst noch nicht fest verankert. Auch gibt es meines Wissens nach keine Bestrebungen, betroffenen Rettungskräften schnell und unbürokratisch Therapieplätze zu vermitteln.

Natürlich ist mir bewusst, dass Psychotherapeuten auf Monate ausgebucht sind und viele Patienten lange Wartezeiten in Kauf nehmen müssen. Kann man da fordern, Rettungskräfte vorzuziehen? Ich denke: ja. Denn der Rettungsdienst ist nun mal Teil einer *kritischen Infrastruktur*, deren Aufrechterhaltung maßgeblich davon abhängt, dass die Mitarbeiter gesund und voll einsatzfähig sind. Aber das ist längst nicht mehr der Fall. Ich wette, dass jeder Rettungsdienstler mindestens einen Kollegen kennt, der oder die wegen eines Burn-outs oder einer posttraumatischen

Belastungsstörung über einen längeren Zeitraum ausgefallen ist – oder sogar gekündigt hat.

Dass uns deshalb wertvolle Kollegen wegbrechen, ist schmerzlich. Dass Menschen bei ihrem Bestreben, anderen zu helfen, selbst Schaden nehmen, ist inakzeptabel. Zumal vieles verhindert werden könnte.

Ich spreche hier von *Prävention*, die in der Medizin sonst großgeschrieben wird: Krankheiten vermeiden, Gesundheit stärken. Im Rettungswesen hingegen doktern wir mehr recht als schlecht an Symptomen herum, wenn überhaupt.

Abgedroschene Sprüche wie „das gehört halt zum Job" kann ich in diesem Kontext nicht mehr hören und empfinde sie als schlichtweg falsch. Wir Rettungskräfte sind keine Superhelden mit übermenschlichen Fähigkeiten. Wir können Burn-out, Grippe und einen Bandscheibenvorfall kriegen wie jeder andere auch. Nur dass wir ein erhöhtes Risiko dafür haben.

KRANK VOM DIENST, KRANK ZUM DIENST

Rückenprobleme sind wohl eine der häufigsten Beschwerden, unter denen Rettungssanitäter leiden. Grund ist das schwere Heben und Tragen.[18] Auch ich bin schon aufgrund von Rückenverletzungen ausgefallen, und das, obwohl ich regelmäßig Sport treibe und die dreißig noch nicht überschritten habe. Es betrifft also quasi jeden und das Thema ist hinreichend bekannt.

Und wie wird dem begegnet?

Mit dem *Raupenstuhl*. Klingt wie ein Scherz, ist auch einer. Bei diesem „Luxusgerät" handelt es sich um einen Krankentransportstuhl, der auf der Rückseite über zwei Raupenschienen verfügt, auf denen er Treppen hinuntergleiten kann. Grundsätzlich keine schlechte Idee. Doch wie kommt das vierzehn Kilogramm schwere Gerät nach oben? Es wird getragen!

Und was ist mit Patienten, die im Rahmen eines Krankentransports in ihre Wohnung *hoch*müssen? Richtig. Auch hier wird geschleppt.

Natürlich können körperliche Belastungen, wie in vielen anderen Berufen auch, im Rettungsdienst nicht vollends beseitigt werden. Was mich aber ärgert ist, dass die Möglichkeiten, diese zu verringern, nicht ausgeschöpft werden. So gibt es *elektrohydraulische Tragesysteme*, die das Überführen der Patienten in den RTW enorm erleichtern. Gerade vor dem Hintergrund einer zunehmend übergewichtigen Gesellschaft sollte man über eine standardmäßige Ausstattung mit derartigen Hilfssystemen nachdenken. Doch aufgrund des Kostenfaktors kommt Innovation im Rettungswesen nur langsam voran. Was allerdings nie in die Kalkulation einfließt, ist der Preis, den die Mitarbeiter mit ihrer Gesundheit zahlen.

Mancherorts werden Übergangslösungen wie elektrische Einzugshilfen (die das Hineinschieben der Trage in den RTW erleichtern) geschaffen. Mir gehen diese Kompromisse nicht weit genug. Es gibt genügend Studien, die gezeigt haben, wie immens die Rückenbelastung im Rettungsdienst ist: Warum führt das nicht zu einem aktiven Umdenken und vor allem Handeln?

Ein weiteres Beispiel für Stagnation auf Kosten der Mitarbeiter sind die *Notfallrucksäcke*. Auch hier wird nicht in clever aufeinander abgestimmte Systeme investiert. Also schultern wir ein riesiges Rucksackmonstrum, das sich seit Jahrzehnten bewährt hat, und machen uns einen Sport daraus, immer neue Packmöglichkeiten zu finden, um alle Ausrüstungsgegenstände unterzubringen. Denn es werden ständig mehr, was den Rucksack in Konsequenz nicht leichter macht. Es gibt Kollegen, die behaupten, das Teil wäre so schwer, dass es Raum und Zeit krümmen könnte. Ich fürchte, es macht nur unseren Rücken krumm.

Bleibt also nur die Möglichkeit, die Rücken- und Rumpfmuskulatur zu stärken: Leider sind sportliche und physiotherapeutische Angebote im Rettungswesen eine Seltenheit.

Und so schleppen wir uns zur Arbeit, auch wenn das Knie mal wieder nicht so will, der Rücken schmerzt oder der Magen von zu viel Stress und Kaffee verstimmt ist. Denn um krank zu sein und zuhause zu bleiben, gibt es zu wenig Personal. Das wird uns seitens der Führung auch deutlich gemacht, wie ich selbst erfahren durfte: In einem extrem heißen Sommer bin ich eingesprungen, um einen zusätzlichen Rettungswagen zu besetzen, damit man dem hohen Einsatzaufkommen aufgrund der Hitzewelle gerecht werden konnte. Am Vortag fühlte ich mich allerdings sehr schlapp und bin am Morgen meines Dienstes mit 39 Grad Fieber aufgewacht. Also rief ich in der Wache an und bat darum, dass jemand anderes meine Schicht übernahm. Mal abgesehen davon, dass mir hundeelend zumute war und ich keine 100 Prozent geben konnte, ist ein fiebriger Rettungssanitäter eine Gefahr für immunsupprimierte Patienten. Aber für Notfälle in den eigenen Reihen haben wir im Rettungswesen keinen Personalspielraum. Schon gar nicht in der Urlaubszeit. Also bekam ich statt Gute-Besserungs-Wünsche zu hören: „Wenn du dich krankmeldest, können wir das Fahrzeug nicht besetzen." Und zwischen den Zeilen stand: Daraus entsteht uns ein wirtschaftlicher Schaden.

Letztlich habe ich nachgegeben, eine Ibuprofen eingeworfen und bin zum Dienst gegangen. Warum, weiß ich selbst nicht mehr so genau. Aber ich bin mir sicher, dass ich eher meine Kollegen und die Patienten nicht im Stich lassen wollte, als dass ich mich um die Gewinn- und Verlustrechnung meines Arbeitgebers oder meinen Job gesorgt hätte. Der Druck, meine Gesundheit hinter das Wohl der Allgemeinheit (oder des Arbeitgebers) zu stellen, war in jedem Fall so hoch, dass ich mit Fieber zum Dienst kam.

Um vorherzusehen, dass sich so ein riskantes Verhalten irgendwann rächt, muss man kein Wahrsager sein. Bei mir kam die Rechnung bereits am Folgetag. Da ging dann gar nichts mehr. Und das blieb für insgesamt drei Wochen so. Lahmgelegt hatte mich ein Epstein-Barr-Virus mit dem vollen Programm aus Mandelentzündung, Schwellungen von Leber und Milz und zehn Kilo Gewichtsverlust.

Jetzt könnte man meinen, ich wäre der einzige (Dumme), der krank zum Dienst erscheint. Aber ich befinde mich im Gesundheitswesen in guter Gesellschaft. Auch Pflegekräfte und Ärzte erscheinen verrotzt, verstaucht, verheult oder einfach nur verkatert auf der Station, in der Notaufnahme oder im OP. Weil ohne sie eine Lücke klafft, in der Patienten untergehen.[19] Ich finde es paradox, dass wir unseren Patienten Bettruhe verordnen und selbst unsere körperlichen Grenzen wider besseres Wissen missachten. Weil es eben nicht anders geht.

Aber ist dem wirklich so? Oder redet man uns das nur wieder und wieder ein, bis wir es glauben? Wir lesen in der Zeitung von Kostenexplosionen im Gesundheitswesen und hören in den Nachrichten, dass die Krankenkassen stöhnen, weil die Gesundheitsausgaben stetig steigen. Die Berichte von hochprofitablen

Arzneimittelfirmen oder Klinikkonzernen und deren Ausschüttungen an die Aktionäre stehen auf einem anderen Blatt – nämlich im Wirtschaftsteil.

Gesundheit soll hierzulande zwar jedem jederzeit zustehen, aber nichts kosten. Und wo spart man? Am Personal. Bis niemand mehr Notfallsanitäter, Krankenpfleger oder Arzt werden will, weil die Arbeitsbedingungen unmenschlich sind: Wir sind auf dem besten Weg dahin. Aus meiner Sicht bedarf es einer grundsätzlichen Änderung der Haltung gegenüber dem Wert von Gesundheit und Leben in unserer Gesellschaft.

Im Rettungswesen setzt an einigen Stellen bereits ein Umdenken ein, was man an Investitionen, die das Personal entlasten, erkennt. Aber haben nicht alle Notfall- und Rettungssanitäter einen Anspruch auf ein sicheres Arbeitsumfeld und auf Technologien, die ihre körperliche Unversehrtheit schützen? Ich finde, man sollte alle Hebel in Bewegung setzen, damit der Rettungsdienst nicht länger eine Knochenmühle ist. Zumindest jene, die wir in der Hand haben. Leider gibt es neben den körperlichen und seelischen Belastungen im Rahmen der Patientenversorgung zudem *externe Aggressoren*, denen wir ausgesetzt sind und die wir nicht so einfach kontrollieren können.

GESCHUBST, GETRETEN, BESCHIMPFT

Neben den alltäglichen, vorhersehbaren Stressoren wie Nachtarbeit und das Tragen schwerer Lasten erleben wir im Rettungsdienst des Öfteren Situationen, in denen man sich selbst in Gefahr begibt. Dabei meine ich nicht nur Stolperfallen in dunklen Hinterhöfen oder scharfe Metallkanten, wenn wir Patienten versorgen, die in Fahrzeugen eingeklemmt sind. Neben Kratzern und verstauchten Knöcheln können Ersthelfer auch lebensgefährlich verletzt werden.

Gerade bei Einsätzen auf der *Autobahn* kann es passieren, dass unaufmerksame Autofahrer in die Unfallstelle, wo wir gerade Verletzte versorgen, reinfahren. Insbesondere während der ersten Minuten, wenn der Unfallort nur dürftig gesichert ist und sich noch kein Stau gebildet hat, ist das Risiko nicht unerheblich, selbst Schaden zu nehmen. Das gilt natürlich auch für die Kollegen von Polizei und Feuerwehr. Sogar der schlimmste Fall kann eintreten, wie der tragische Tod zweier junger Feuerwehrmänner auf der A2 zeigt. Sie wurden von einem Sattelzug aus dem Leben gerissen, der ungebremst in die Unfallstelle fuhr.[20]

Meine Einsätze auf der Autobahn sind bislang glücklicherweise immer sicher und ohne kritische Zwischenfälle verlaufen. Auffällig ist jedoch, dass häufig ohne erkennbaren Grund gegen die Leitplanke oder eine Baustellenbake gefahren wird. Wenn man die Fahrer in diesen Fällen zum Unfallhergang befragt, erhält man meist nur ausweichende Antworten, aber im Grunde ist klar: Da war ein Handy im Spiel! Ich kann nur jedem eindringlich raten, am Steuer kein Smartphone zu benutzen. Man gefährdet nicht nur sich, sondern auch andere!

Gleiches gilt für das *Verschweigen von Infektionskrankheiten* wie beispielsweise Hepatitis, HIV, multiresistenten Krankenhauskeimen, Tuberkulose oder eben Covid-19. Abgesehen davon, dass wir der Schweigepflicht unterliegen und der geschwätzige Nachbar kein Sterbenswörtchen von uns erfahren würde, ändert es nichts an der Behandlung: Sie erhalten keine Zweite-Klasse-Medizin! Jeder bekommt von uns die maximale Versorgung und eine Eins-zu-eins-Betreuung während der Fahrt. Der Unterschied ist nur, dass wir uns adäquat schützen können, wenn wir Bescheid wissen. Leider ist dies noch nicht zu allen durchgedrungen. Ebenso mangelt es offenbar häufig an allgemeinen Kenntnissen, wie man andere ansteckt oder vielmehr, wie man genau das vermeidet.

Dies konnte ich insbesondere während der Coronapandemie beobachten. Da trifft man auf Menschen, die ihre Infektion bewusst unterschlagen, um nicht abgelehnt zu werden (was nicht geschehen würde). Aus meiner Sicht moralisch absolut inakzeptabel. Andere vergessen sämtliche Umgangsformen und husten uns mitten ins Gesicht oder fassen uns grundlos an.

Hinzu kommt, dass zu Beginn der Pandemie ein Mangel an Masken herrschte. Wir sind also mit einem einfachen medizinischen Mund-Nasen-Schutz losgezogen, den wir sogar mehrfach verwenden mussten. Von *Eigenschutz geht vor*, einem der Leitsätze im Rettungswesen, konnte an dieser Stelle nicht die Rede sein. Und das, obwohl Corona kein einfacher Schnupfen ist, wie man uns zu Beginn der Pandemie einreden wollte.

Dennoch wurden wir für unsere Arbeit an vorderster Front und unter lausigen Bedingungen nicht belohnt: Der damalige Bundesgesundheitsminister Jens Spahn lehnte eine Beteiligung an Bonuszahlungen für Rettungskräfte ab. Denn, sinngemäß wiedergegeben, wir hätten ja insgesamt weniger Einsätze gehabt. Aha.

Machen wir an dieser Stelle einen kleinen Exkurs zum Thema *Einsatzzeitbedarf*, denn ich kann dieses verzerrte Weltbild so nicht stehen lassen.

Neben der absoluten Anzahl an Einsätzen, mit denen Herr

Spahn seine Entscheidung begründete, ist die *Zeit*, die diese in Anspruch nehmen, ein entscheidender Faktor. So sind wir während des Lockdowns zwar tatsächlich weniger Einsätze gefahren, aber die durchschnittliche Einsatzdauer hatte sich erhöht! Grund hierfür waren und sind die aufwendigen Desinfektionsmaßnahmen und das Wechseln der Schutzkleidung nach einem Transport von Covid-19-Patienten. In Summe führte dies zu einem gleichbleibenden Einsatzzeitbedarf, was wir an meiner Hochschule sogar in einem *wissenschaftlichen Projekt* nachweisen konnten.[21] Trotzdem erhielten wir keinen müden Cent dafür, dass wir uns dem erhöhten Infektionsrisiko aussetzten und es immer noch tun.

Wer an dieser Stelle denkt, dass die Dankbarkeit der Patienten doch bestimmt viel mehr wert ist als der schnöde Mammon, den nehme ich gern mal zu einer Wochenendnachtschicht mit. Da kann er oder sie sich von betrunkenen Partygängern bespucken und beleidigen lassen. Obwohl ich selbst keine Angst verspüre, im Dienst angegriffen zu werden, ist die Zahl tätlicher Übergriffe auf Rettungskräfte nicht unerheblich. Bundesweit kam es im Jahr 2020 zu insgesamt 2 027 polizeilich erfassten Fällen von Gewalt gegen Feuerwehrleute (558) und Mitarbeiter von Rettungsdiensten (1 469).[22] Als typische Situationen werden dabei Proteste gegen Rettungsgassen, Auseinandersetzungen mit Gaffern oder Familienstreitigkeiten genannt. Alkohol ist ebenfalls häufig im Spiel.[23] Einer Studie des DRK zufolge sind es oft die Patienten selbst, die aggressiv werden, gefolgt von Freunden und Angehörigen. Meist wird geschlagen, getreten und geschubst. Fast jeder fünfte Mitarbeiter des DRK-Rettungsdienstes gab an, mindestens ein- bis zweimal pro Woche beschimpft zu werden.[24]

Wenn ich solche Zahlen lese, werde ich wütend und sprachlos, beides zugleich. Es kann doch nicht sein, dass ein Krankenwagen mit Patienten an Bord in der Stuttgarter Innenstadt von einem Mob minutenlang belagert wird. Diese schockierenden Entwicklungen haben dazu geführt, dass in NRW in diesem Jahr ein Pilotprojekt gestartet wurde, wo Einsatzkräfte des Rettungsdienstes und der Feuerwehr körperliche, verbale und nonverbale Übergriffe wie auch Sachbeschädigungen online melden können. Hierbei wird nicht nur die Tat, sondern auch das Befinden der Betroffenen erfasst und gegebenenfalls werden Hilfsangebote wie eine psychologische Unterstützung angeboten.[25] Das ist aus meiner Sicht ein richtiger Schritt. Traurig ist nur, dass er überhaupt notwendig wurde.

Ich finde es *beschämend*, dass sich eine Kollegin, gestandene Notfallsanitäterin und Mutter zweier Kinder, von einem Teenie anrotzen (besser kann man es leider nicht ausdrücken) lassen muss. Oder wenn Umstehende auf den Hinweis hin, dass der Patient doch etwas Privatsphäre verdient hätte, frech werden. Da müssen meine Kollegen und ich mehr als einmal tief durchatmen und die Provokationen runterschlucken. Manchmal fällt das verdammt schwer. Aber letztlich haben wir keine Zeit zu eskalieren, denn die medizinische Versorgung der Patienten steht an erster Stelle. Und auch dazu haben Begleitpersonen oft eine starke Meinung, die sie laut und eindringlich kundtun. So werden wir nicht selten aufgefordert, Sturzbetrunkenen *sofort* den Magen auszupumpen. Unter uns: Der besoffene Kerl würde sich herzlich bedanken, wenn wir ihm vor Ort einen Schlauch in den Hals stecken würden – was nebenbei bemerkt überhaupt nichts bringt. Denn der Alkohol ist längst im Blut. Will der Körper etwas loswerden, dann tut er das von ganz allein. Unsere Aufgabe und die der Notaufnahmen besteht lediglich darin, darauf zu achten, dass die alkoholisierte Person nicht an ihrem Erbrochenen erstickt. Und sie ausschlafen zu lassen, bis er oder sie wieder nach Hause gehen kann. Diese Leistung hätten die besorgten Freunde meines Erachtens durchaus selbst übernehmen können.

Der jährliche Höhepunkt dieser irren Tragikomödie, in der wir von Leuten angepöbelt werden, die uns gerufen haben, weil sie sich selbst vergiftet haben, ist der *Karneval*. Im Fernsehen sieht man glänzende Festwagen und buntes Getümmel, Kostümierte mit roten Nasen freuen sich über die schöne Brauchtumsveranstaltung und prosten vergnügt in die Kamera. Doch dass sie unbeschwert feiern können, liegt nicht an den gut bestückten Getränkewagen: Polizei, Feuerwehr, Krankenhäuser und wir vom Rettungsdienst schieben Doppelschichten, um für die Sicherheit und das Wohlergehen der Bevölkerung im Ausnahmezustand zu sorgen.

Karneval in einer Hochburg bedeutet, dass 20 *zusätzliche* Rettungswagen, die unter normalen Umständen nicht im Dienst wären, eingesetzt werden. Und zwar in einem 24-Stunden-Betrieb. Dazu richtet *ehrenamtliches Personal aus ganz Deutschland* zahlreiche Unfallhilfsstellen ein. Krankenhäuser fahren ihre Notaufnahmen auf Maximalbesetzung hoch und die Polizei zieht Hundertschaften aus allen Bundesländern ab. Für mich klingt das immer ein bisschen wie Krieg.

Es ist schon krass, dass eine Gesellschaft, die kein Geld für Bildung hat, es sich leistet, tausende Euro für ein Massenbesäufnis auszugeben. Und die Feiernden zahlen für die sie schützende Infrastruktur keinen Cent. Im Gegenteil, das alles wird als selbstverständlich hingenommen: Kein Mensch macht sich darüber Gedanken, dass eine RTW-Flotte im Wert von über 2,6 Millionen Euro, die eine Großstadt mit 300 000 Einwohnern versorgen könnte, in Dienst gestellt wird, um betrunkene Karnevalisten ins Krankenhaus zu kutschieren, wo sie ihren Rausch ausschlafen. Das hat aus meiner Sicht nichts mehr mit dem Wort Notfall zu tun.

Mal abgesehen davon, dass mir eine indirekte Unterstützung unverantwortlichen Trinkens durch das von der Solidargemeinschaft finanzierte Rettungs- und Gesundheitswesen aufstößt, hört man von den Nutznießern nicht mal ein „Danke".

Kein Dank dafür, dass Hunderte Menschen Urlaubssperren für diesen Zeitraum bekommen, dass wir mit aggressiven Hähnen und sterbenden Schwänen kämpfen, die nicht einmal mehr ihren Namen kennen. Stattdessen titeln die Zeitungen so was wie: „Jecke Riesenstimmung trotz Eiseskälte". Applaus, Applaus. Die Leute haben in knappen Kostümen Wintertemperaturen standgehalten und es dabei sogar geschafft, sich ordentlich einen einzulöten: super Leistung!

Welche erschütternde Auswüchse die Überstrapazierung unseres Rettungssystems in diesen Spitzenzeiten hat, zeigt folgende Begebenheit: Ich hatte an einem Rosenmontag Dienst. Es tobte der karnevalsübliche Wahnsinn. Gegen 20 Uhr wurden wir zu einer Patientin mit Rückenschmerzen gerufen. Vor Ort fanden wir eine Frau, die seit Weiberfastnacht, also *vier Tage lang* (!), auf dem Boden lag und sich nicht mehr bewegen konnte. Dass es sich hierbei nicht um einen harmlosen Hexenschuss handelte, sah man sofort. Und es war eine verdammt lange Zeit, die die Frau damit ausgehalten hatte. Dementsprechend schlecht war ihre körperliche Verfassung. Wir mussten sie letztlich mit Hilfe von Notarzt und Feuerwehr aus der Wohnung holen. Auf die Frage, warum sie denn erst jetzt angerufen habe, antwortete sie: „Ich dachte, dass Sie bestimmt wegen des Karnevals viel zu tun haben. Mit all den Betrunkenen." Wow. Die arme Frau. Da muss man sich erst mal setzen, um so eine Aussage zu verdauen. Solche Geschichten sollten sich alle Karnevalsgänger vor Augen halten, bevor sie sich das nächste Bier bestellen.

Leider beobachte ich zunehmend, dass man uns als Serviceangebot wahrnimmt, das schnell, freundlich und auf individuelle Bedürfnisse zugeschnitten jederzeit verfügbar sein soll. Und wenn nicht, wird reklamiert. Vor Ort, meist in respektlosem Tonfall, oder offiziell über die Leitstelle. Dann dürfen wir, zusätzlich zu all der Arbeit, auch noch Stellungnahmen schreiben, weil sich ein Patient – oft jedoch die Angehörigen – beschwert hat. Vielleicht, weil das Lächeln nicht breit genug war oder die Samthandschuhe zu kratzig. Möglicherweise hat ein Kollege sich dazu hinreißen lassen, einen Pickel nicht als Notfall zu klassifizieren und dies auch deutlich gemacht. Die Gesellschaft ist es mittlerweile so sehr gewohnt, ihre Unzufriedenheit prompt mit Dislikes zu äußern, dass viele dabei vergessen, worum es beim Notruf eigentlich geht: Leben zu retten.

Interessanterweise, das möchte ich nicht unerwähnt lassen, sind es gerade die wirklich kranken Patienten, die dankbar sind für das, was wir leisten. So schrieb eine Angehörige als Kommentar zu meinem „wake-up call" *Wer rettet den Rettungsdienst*:

„Ich schätze den Rettungsdienst sehr! Mein Vater ist vor zwei Jahren an den Folgen eines Magenkrebses verstorben. Das letzte Jahr seiner Erkrankung war sehr hart und der Rettungsdienst oft bei uns daheim. Selbst als Freunde und Familie in diesen schweren Zeiten ihr wahres Gesicht zeigten, die treuen Seelen des Rettungsdienstes waren immer für uns da: Sie haben getröstet, waren einfühlsam, kompetent und erfahren – nicht nur für meinen Vater. Für mich sind diese Menschen wahre Helden!"

Doch diese Wertschätzung hört man nicht oft. Selbst in den eigenen Reihen erfährt man mehr Gegeneinander als Zusammenhalt. Äußert man Kritik an den Arbeitsbedingungen, kommen, insbesondere von alten Hasen, nur abwertende Sprüche, dass man wohl zu schwach für den Job sei. Wieder andere zucken nur resigniert mit den Schultern, denn sie haben sich bereits in jungen Jahren bei dem Versuch, etwas zu ändern, die Zähne ausgebissen. Gerade als Junior oder wenn man neu auf eine Wache kommt, muss man sich in der ungeschriebenen Hierarchie ganz hinten anstellen und sich selbst mit reichlich Berufserfahrung zeigen lassen, wie man simpelste Tätigkeiten zu verrichten hat. Ich persönlich verstehe nicht, warum wir uns selbst zerfleischen, statt geschlossen für Veränderungen zu stehen.

HACKORDNUNG IM EIGENEN STALL

Aber woran liegt es, dass wir bei all dem Druck von außen nicht zusammenwachsen?

Meine Theorie ist: weil wir alle *gleich behandelt* werden. Das klingt zunächst paradox, aber ich erkläre es mir so: Trotz des sehr unterschiedlichen Engagements jedes Einzelnen gibt es weder eine Honorierung besonders guter Leistungen noch eine Sanktionierung schlechter. Beförderungen oder individuelle Bonuszahlungen, wie sie in der freien Wirtschaft möglich wären, findet man im Rettungsdienst nicht. Es erfolgt eine standardmäßige Eingruppierung gemäß der Qualifikation, und dann steigt man basierend auf der Betriebszugehörigkeit automatisch Entgeltstufe für Entgeltstufe auf. Da lohnt es nicht, die sprichwörtliche Extrameile zu gehen.

Auch die Karriereoptionen sind begrenzt. Jede Dienststelle hat einen oder zwei *Wachleiter*, die selten wechseln. Darüber findet man noch die *Fachbereichsleitung*, für die man entweder studiert oder eine ergänzende betriebswirtschaftliche Ausbildung gemacht haben muss.

Ergo sind fast alle Mitarbeiter auf einer Ebene. Und offenbar ist es so, dass dies zu einem mehr oder minder versteckten Hierarchiegerangel in den eigenen Reihen führt. Zumindest konnte ich derartige Gruppendynamiken während meiner Arbeit im Rettungsdienst häufig beobachten. Manchmal fühle ich mich wie auf dem Schulhof: Da wird gelästert und geprahlt, sich aufgeplustert und andere werden runtergemacht. Nur um zu zeigen, dass man vermeintlich etwas Besseres ist. Selbst unerfahrene Praktikanten bleiben davon nicht verschont, wie ich es leider miterleben musste: Der schüchterne Teenager, gerade erst ein paar Tage dabei, hatte die Blutdruckmanschette nicht korrekt angelegt und die Messung schlug fehl. Eigentlich kein großes Ding. Man hätte die Chance nutzen können, dem Nachwuchs zu erklären, wie es richtig geht, und den Fehler korrigieren können. Stattdessen motzte mein Kollege: „Kein Wunder, dass das hier nicht funktioniert, wenn du die Manschette falsch herum anlegst. Mannomann."

Ich frage mich: Muss das sein? Mal abgesehen davon, dass

der Praktikant bei uns ist, um etwas zu lernen, finde ich diese Art, miteinander umzugehen, unangebracht. Wir wünschen uns mehr Respekt von unserem Umfeld und schaffen es nicht einmal, Kollegen gegenüber höflich zu sein. Ich fürchte, dass derartiges Herumgepolter nicht nur unseren Nachwuchs vergrault, sondern auch die Patienten verstört.

Doch dieses Phänomen findet man nicht nur beim Rettungsdienst. Auch Krankenhäuser leiden unter Hackordnungen und Besserwisserei, leider sogar grenzüberscheitend, wie ich erst kürzlich wieder beobachten durfte: Eine junge Frau hatte sich tief in die Hand geschnitten. Der Auszubildende, der den Einsatz leiten sollte, versorgte die Wunde fachgerecht. Im Krankenhaus angekommen, übergab er die Patientin an den Krankenpfleger, wie es sich gehört: „Schnittverletzung am Daumen, Anlage eines Druckverbands, keine sensorisch-motorischen Einschränkungen, kein Hinweis auf arterielle Blutung." Gut gemacht!

Der Krankenpfleger indes entgegnete nur: „Habt ihr der Patientin (die übrigens während dieses Gespräches neben uns stand) auch alle Ringe abgezogen?" Woraufhin unser Auszubildender erwiderte, dass er nur jenen am verletzten Daumen abgenommen hatte. Diese Gelegenheit, uns eins zu verpassen, ließ sich der Pfleger nicht entgehen: „Ernsthaft? Leute, ihr müsst *alle Ringe* entfernen! Habt ihr das nicht gelernt?"

Okay. Tief durchatmen. Sehr tief.

Auch wenn ich es mittlerweile gewohnt bin, abwertende Sprüche gegenüber unserer Qualifikation zu hören, so fasst es mich doch an, wenn wir in Gegenwart einer Patientin so vorgeführt werden. Und das nur, um das eigene Ego zu stärken. Denn die Art und Weise, wie in solchen Situationen auf Fehler hingewiesen wird, hat nichts mit Qualitätssicherung oder gegenseitigem Lernen zu tun. Spricht man den herablassenden Tonfall und die abschätzigen Kommentare an, kommen statt eines konstruktiven Austauschs meist nur billige Ausreden: Das hätte man falsch verstanden, war alles nicht so gemeint. Ich kann es nicht mehr hören!

Was ich ebenfalls als störend und vielleicht sogar gefährlich empfinde, ist der Befehlston, der gerade gegenüber jüngeren Kollegen angeschlagen wird. Sei es, um die Neulinge auf ihren Platz zu verweisen, oder weil man selbst gerade Stress hat und diesen ungefiltert weitergibt. Gerade in kritischen Situationen wie einer Reanimation können überlaute und mit ordentlich Druck gewürzte Anweisungen zu einer Stressübertragung führen. Statt konzentriert zu arbeiten, zittern die angebrüllten Kollegen vor Angst, etwas falsch zu machen: keine optimalen Bedingungen, um Bestleistungen zu bringen. Aber genau das müssen wir. Schließlich hängen Menschenleben davon ab, dass wir als *Team* zusammenarbeiten.

Dass Egonummern zu schwerwiegenden Fehlern führen können, hat die Luftfahrt schon Ende der Siebzigerjahre erkannt und das *Crew Ressource Management (CRM)* eingeführt. Dabei sollen durch effektive Kommunikation, enge Teamarbeit, klare Aufgabenverteilungen und dynamische Situationsbeobachtung mit entsprechenden Handlungsanweisungen Zwischenfälle in kritischen Situationen vermieden werden. Das beinhaltet auch, dass jeder, unabhängig vom Rang, Fehler ansprechen darf. Dass das Anzweifeln und Überprüfen von Annahmen und Entscheidungen okay ist, auch wenn ein Vorgesetzter sie getroffen hat. Schließlich ist niemand davor gefeit, mal etwas zu übersehen.

Und sei es, weil man müde und unterzuckert ist. Das ist nur menschlich, kann aber für den Patienten fatal enden. Umso wichtiger ist es gerade in der präklinischen Notfallmedizin, wo wir oft nur zu zweit unterwegs sind, dass wir uns als Team aufeinander verlassen können. Und so hat CRM in der Notfallsanitäter-Ausbildung als regulärer Lehrinhalt Eingang gefunden.[26] Die Umsetzung erfolgt in der Praxis allerdings nur sehr selten. Wagt man es, die Ersteinschätzung des leitenden Kollegen anzuzweifeln, kommt es meist nicht zu einer Reevaluation, sondern zu einer Eskalation aufgrund von verletzten Eitelkeiten. Für mich unbegreiflich: sollte doch die Patientensicherheit und nicht die eigene Unfehlbarkeit an erster Stelle stehen.

Doch das interne Gegeneinander hört an dieser Stelle längst nicht auf: Sprechen wir über das Thema *Diversität*. Ich persönlich finde, dass Geschlecht, sexuelle Identität, Weltanschauung, ethnische oder soziale Herkunft keine Aussage darüber zulassen, ob eine Rettungskraft kompetent ist oder nicht. Leider sehen das nicht alle so.

Ein homosexueller Notfallsanitäter erzählte mir, dass er seine Rettungswache verlassen musste, weil er aufgrund seiner sexuellen Orientierung ausgegrenzt wurde. Dies ging so weit, dass sich Kollegen geweigert haben, mit ihm zusammenzuarbeiten. Ist das nicht schockierend?

Was mich auch zutiefst irritiert, ist der *Umgang mit Frauen* im Rettungsdienst. Zwar wird in Kampagnen, gern zum Weltfrauentag, großbuchstabig dafür geworben, dass Frauen willkommen sind. Aber die Realität sieht etwas anders aus. Viele männliche Kollegen glauben, nur sie könnten diesen Beruf einwandfrei ausüben. Woran sie das festmachen, ist mir unklar. Ich habe in meiner langjährigen Tätigkeit als Rettungssanitäter viele Frauen kennengelernt, die einen exzellenten Job machen. Und mindestens genauso viele Männer, deren Leistung unterirdisch war.

Dennoch herrschen vielerorts Vorurteile, die nicht selten sogar von den Patienten selbst geäußert werden, wie eine Hörerin des *Retterviews* eindrücklich beschreibt:

„(...) Vor allem wir jungen Frauen werden als Transportführer immer unterschätzt. Ich habe schon erlebt, dass ich den Einsatz leiten sollte und die Patienten sich erst mal an den gleichaltrigen männlichen Kollegen gewandt haben. Oder gefragt wurde, wie der Kollege denn die Frau ans Steuer lassen könne."

Mit viel Wohlwollen kann man solches Verhalten dem Zeitgeist zuschreiben, in welchem der (ältere) Patient aufgewachsen ist. Aber dass Kollegen ihre Vorurteile und Intoleranz mit auf die Wache nehmen und sich schwertun, von besser qualifizierten und höherrangigen Kolleginnen Anweisungen umzusetzen, ist ein Skandal.

Was allerdings im Gegenzug auch nicht okay ist: wenn Kolleginnen uns Männern pauschal alle schweren körperlichen Tätigkeiten aufbrummen wollen. Denn wie ein geschätzter Kollege von mir einmal sagte: „Emanzipation hört beim Schleppen nicht auf!"

Natürlich sollte man in der Teamarbeit individuelle Stärken und Schwächen berücksichtigen. Dabei dürfen das Geschlecht oder andere Parameter wie das Alter nicht reflexartig zu undifferenzierten Urteilen führen. So kann beispielsweise eine gesunde ältere Frau durchaus das Tragen des Stuhls übernehmen und damit einen jungen Kollegen mit Bandscheibenproblematik entlasten. Doch leider wird noch viel zu oft in Klischees gedacht. So behaupten einige Kollegen, dass Frauen nur Ärger ins Team bringen würden. Damit spielen sie auf mögliche Liebesbeziehungen an, die zu Disharmonie in der Gruppe führen könnten. Andere beklagen, dass die Aufnahme von Frauen zusätzliche Strukturen wie getrennte Schlafräume oder Toiletten erfordert. Ich lasse das mal unkommentiert.

Was bei diesem Stammtischgezeter vergessen wird, sind die Vorteile gemischter Einsatzteams. So kann auf die Bedürfnisse der Patienten, sei es durch die Art der Erkrankung oder auch kulturell bedingt, besser eingegangen werden. Bestes Beispiel dafür ist die Geburtshilfe, wo Gynäkologinnen und Hebammen gegenüber ihren männlichen Kollegen dominieren.[27] Doch nicht nur bei Entbindungen, auch im alltäglichen Dienstgeschehen treten immer wieder Situationen auf, in denen ein gleichgeschlechtlicher Bezug nicht nur wünschenswert, sondern sogar notwendig ist. So wurden mein Kollege und ich zu einer minderjährigen, leicht alkoholisierten Patientin gerufen, die mit Freundinnen in einer Diskothek feiern war. Das Mädchen litt unter einer ausgeprägten Panikattacke, deren Wurzeln in einer versuchten Vergewaltigung vor nicht allzu langer Zeit lagen. Entsprechend schwer bis unmöglich war es für uns (Männer), eine Vertrauensbasis zu der jungen Frau aufzubauen. Trotz aller Bemühungen kamen wir emotional nicht an sie heran, sodass wir uns entschlossen, sie in die Kinderklinik zu fahren. Dem weiblichen Personal dort gelang es letztlich, sie zu beruhigen. Wäre eine Rettungssanitäterin dabei gewesen, hätten wir dem Mädchen wahrscheinlich einfacher und schneller helfen können.

Unsere Aufgaben im Rettungsdienst sind so unterschiedlich

wie die Gesellschaft selbst. Daher ist es für mich nur logisch, dass auch wir Retter vielfältig sein sollten, mit dem gemeinsamen Ziel, alles Menschenmögliche für unsere Patienten zu tun. Stattdessen verpesten wir unser Arbeitsklima mit Intoleranz und Kompetenzgerangel. Hinzu kommt eine schwelende Unzufriedenheit, weil die Einsätze, zu denen wir gerufen werden, häufig Bagatellen sind.

SCHNUPFEN IST KEIN NOTFALL

Seit Jahren verzeichnen wir einen Anstieg an Einsatzfahrten: allein im Zeitraum von 1994/95 bis 2016/17 um 72 Prozent.[28] Die Bevölkerung wuchs währenddessen nur um 1,5 Prozent.[29] Wie kann das sein? Werden wir alle kränker?

Natürlich unterliegt Deutschland einem demografisch Wandel, der einen steigenden Anteil an älteren Bürgern mit sich bringt. Aber lässt sich ein solch krasser Zuwachs an Notfällen allein damit erklären?

Auch stolpere ich darüber, dass die jährliche Bettenauslastung der Krankenhäuser parallel dazu sinkt (82,3 Prozent in 1998 auf 77,2 Prozent in 2019).[30] Nun spielen bei dieser Kennzahl auch andere Effekte wie die Einführung eines neuen, diagnosebezogenen Abrechnungssystems, welches eine Reduktion der Krankenhaustage nach sich zog, eine entscheidende Rolle. Dennoch sollte man annehmen, dass sich eine Vervielfachung von Rettungseinsätzen auch in den Kliniken abbildet. Es sei denn, es handelt sich dabei gar nicht um echte Notfälle.

Werfen wir also einen Blick hinter die Zahlen. Tatsächlich werden wir oft zu älteren Patienten mit Vorerkrankungen gerufen. Doch nicht immer liegt ein Notfall vor. Manchmal müssen wir lediglich einer gestürzten Person aufhelfen, die allein nicht mehr dazu in der Lage ist. Auch alarmieren Altenheime uns gern, wenn es einem ihrer Patienten irgendwie nicht gut geht. Und zwar seit Tagen. Der Hausarzt wurde meist noch nicht einmal kontaktiert. Fazit: der demografische Wandel ist spürbar, jedoch gehören viele Einsätze in dieser Altersgruppe nicht in den Aufgabenbereich des Rettungsdienstes.

Echte Katastrophen wie schwere Verkehrsunfälle oder große Brände machen nur einen verschwindend geringen Anteil unserer Arbeit aus. Meiner Erfahrung nach sind die drei häufigsten Meldebilder Brustschmerzen, entgleister Bluthochdruck und akute Atemnot zum Beispiel aufgrund eines Asthmas. Selten liegt dabei eine lebensbedrohliche Krise vor, aber zumindest haben wir es hier mit Krankheiten zu tun.

„Und was ist mit dem Rest?", fragen Sie sich vielleicht.

Bagatellen, ist meine Antwort darauf.

Das klingt jetzt ziemlich provokativ, entspricht jedoch leider der Realität.

Die Kompetenz, selbstständig kleinere gesundheitliche Probleme zu lösen, sinkt. Oft werden wir gerufen, „um uns da mal was anzuschauen". Das entsprechende Meldebild dazu ist „Allgemeinzustandsverschlechterung". Frei übersetzt bedeutet dies in der Regel, dass der Patient seit längerer Zeit irgendein Wehwehchen hat, dies nicht behandeln lässt und jetzt meint, dass nun doch mal jemand vom Fach draufschauen soll. Mein persönlicher Höhepunkt war ein Achtzehnjähriger mit einer Erkältung, der über Fieber und Husten klagte. Er begrüßte uns wie folgt: „Stellen Sie bloß keine dummen Fragen! Vorhin war schon mal ein RTW hier und diese Hu******** haben mir nur blöde Fragen gestellt." Wie sich herausstellte, hatte dieser Experte bereits acht Stunden zuvor einen RTW gerufen. Die Kollegen hatten ihn an den Hausarzt verwiesen, was ihm offensichtlich nicht passte und er also erneut die 112 wählte.

Wir sind seiner Bitte, keine dummen Fragen zu stellen, selbstverständlich nachgekommen und haben ihn ruhig und professionell über sein Krankheitsbild (Schnupfen simplex) aufgeklärt und ihn an den Hausarzt verwiesen. Was natürlich nicht gut ankam. Keine Ahnung, was dieser Mensch von uns erwartet hat: dass wir ihm Wadenwickel machen und eine kräftige Hühnersuppe kochen?

Und zu solchen Einsätzen fährt man im Zweifelsfall auch noch mit Blaulicht und Martinshorn!

Manchmal ist es uns schon unangenehm, zu sehen, wie sehr die Leute sich bemühen, eine Rettungsgasse zu bilden: Für ein Taxi würden sie so einen Aufwand ja nicht betreiben. Aber mehr als das sind wir oft nicht. Natürlich bin ich sehr glücklich darüber, dass Rettungsfahrzeugen meist der notwendige Vorrang auf der Straße gegeben wird. Denn auch wenn wir zu vielen unkritischen Einsätzen fahren, so kann doch jederzeit ein echter Notfall darunter sein, bei dem jede Minute zählt. Leider sind wir aktuell noch nicht in der Lage, sicher vorherzusehen, wann dies der Fall ist.

So werden beispielsweise am Telefon dramatische Beschwerden geschildert, die zur Alarmierung „Akuter Harnverhalt" führen. Beim Patienten angekommen, öffnet der uns die Tür mit folgenden Worten: „Mein Katheter läuft nicht mehr 100-prozentig. Ich habe schon mit dem Herrn Doktor Sowieso telefoniert, der sagte, ich kann kommen." Tja. Dann laufen wir also mit dem Patienten zum RTW, hinter dem sich in der engen Straße bereits eine Autoschlange gebildet hat, und ich fühle mich plötzlich in Erklärungsnot. Dass es sich hier um keinen lebensbedrohlichen Zustand handelt, sieht jeder. Warum wir trotzdem die Straße blockieren, versteht sicher keiner der Wartenden, und so werden sie beim nächsten Mal möglicherweise nicht mehr so geduldig und verständnisvoll sein. Mir fällt es in solchen Situationen selbst schwer, Ruhe zu bewahren. Denn offenkundig wird man gerade wissentlich für einen simplen Transport missbraucht. Und dies ist keine Seltenheit, wie ein weiteres Beispiel verdeutlicht.

Durch einen unglücklichen Umstand kam es dazu, dass die Besatzung eines RTW einen genau bei Dienstschluss eintreffenden Einsatz nicht mehr wahrnahm. Erst nach einer Dreiviertelstunde fiel auf, dass noch niemand losgefahren war, und die Nachtbesatzung übernahm. Als die Kollegen nach nunmehr insgesamt fünfzig Minuten gemessen ab Notruf vor Ort ankamen, trafen sie auf eine Patientin, die auf gepackten Koffern saß und sie folgendermaßen begrüßte: „Ach, da sind Sie ja! Ich dachte schon, Sie kommen nicht mehr. Gerade wollte ich ein Taxi nehmen."

Nun darf eine Verzögerung, wie ich sie gerade schilderte, nicht vorkommen. Und es wurde umgehend dafür gesorgt, dass dies nicht noch einmal geschieht. Dennoch drängt sich die Frage auf, warum die Dame nicht gleich ein Taxi gerufen hat? Allem Anschein nach war sie dazu durchaus in der Lage.

Auf die Spitze getrieben hat es ein Patient mit bekannter Alkoholsucht, der regelmäßig, nachdem er getrunken hatte, über Brustschmerzen klagte und dann den Rettungsdienst rief: und zwar bis zu vier Mal pro Tag. Manchmal bin ich bereits zu Beginn meiner Schicht um 19:30 zu ihm gefahren und um 5:50 Uhr kurz vor Feierabend nochmals. Immer mit vollem Tamtam, schließlich könnte es diesmal etwas Ernstes sein. Im Krankenhaus wurden unzählige EKGs geschrieben und aufwendige Diagnostik wurde betrieben, gefunden wurde nichts. Nach einigen Monaten lief das Spiel so: Er wählte die 112, wir fuhren vor sein Haus, wo er bereits am Fenster auf uns wartete und, sobald er uns sah, die Treppe runterkam, die Tür des Rettungswagens selbstständig öffnete, sich auf den Patientenstuhl setzte und von hinten nach vorne durchgab: „Wir können los!"

Dann sind wir 700 Meter ins nächste Krankenhaus gefahren, wo man ihn bereits kannte. Lange blieb er nie dort, manchmal war er schon wieder auf dem Heimweg, da hatten wir den Transportschein noch nicht mal gestempelt.

In Summe fuhr dieser Mann pro Jahr mehr Einsätze als ich in meinen Diensten. Irgendwann wurde er sogar namentlich im Einsatzleitrechner gespeichert, damit die Disponenten nicht jedes Mal seine Adresse eingeben mussten. Normalerweise ist dies besonderen Objekten wie Kindergärten, Schulen oder Brandmeldeanlagen vorbehalten. Erst nach drei Jahren Hin und Her wurde er vorübergehend in einer Pflegeeinrichtung untergebracht und es kehrte Ruhe ein. Mittlerweile sieht man ihn allerdings wieder öfter in den Notaufnahmen sitzen.

Aber wie kann es zu solch einer offensichtlichen Fehlnutzung des Rettungssystems kommen?

Zum einen kann man nicht ausschließen, dass der Anrufer doch eine schwerwiegende Erkrankung haben könnte. Auch bei unserem alkoholkranken Patienten mit Schmerzen hinter dem

Brustbein hätte beispielsweise eine Ruptur der Speiseröhre vorliegen können, die insbesondere nach exzessivem Alkoholkonsum und starkem Erbrechen auftreten kann. Dieser Zustand ist lebensbedrohlich. Was, wenn sein tausendeinster Anruf ein echter Notfall ist und wir ihn ignorieren? Fatal wäre das.

Zum anderen kann man den wenigsten einen *absichtlichen Missbrauch des Notrufs* nachweisen. Dieser kann mit einer Freiheitsstrafe von bis zu einem Jahr oder einer Geldstrafe geahndet werden (Paragraf 145 StGB).[31] Ich glaube tatsächlich auch nicht, dass die Patienten, von denen ich Ihnen berichtete, uns einen Streich spielen wollten. Rein rechtlich liegt dann kein Missbrauch, sondern maximal Unwissenheit oder Unsicherheit vor. So ist es in vielen Fällen. In viel zu vielen. Dieses unnötige Mehr an Fällen kann letztlich dazu führen, dass bei Überbuchung eines Rettungsdienstbereichs angrenzende Wachen einspringen müssen, was wiederum eine verlängerte Anfahrtszeit zur Folge haben könnte.

So habe ich es selbst erlebt, dass wir zu einer Alkoholintoxikation fuhren und drei Hausnummern weiter ein Patient *reanimationspflichtig* wurde, als wir am Einsatzort eintrafen. Glücklicherweise hat uns die Leitstelle via Telefon erreicht, sodass wir uns aufteilen und mein Kollege zum benachbarten Patienten laufen konnte, um dort Erste Hilfe zu leisten, bis die zu diesem Notruf beorderten Kräfte eintrafen. In diesem Fall kann man fast von Glück im Unglück für den lebensbedrohlich Erkrankten reden, dass wir wegen eines Betrunkenen bereits vor Ort waren. Aber stellen Sie sich vor, Ihr Ehemann oder Ihre Ehefrau bricht zusammen und es dauert ewig, bis medizinische Hilfe kommt, denn die ist leider damit beschäftigt, Schnapsleichen herumzukutschieren. Aber genau das kann passieren, wenn Rettungswagen für bestimmungsgemäße Alarmierungen nicht mehr zur Verfügung stehen.

Dabei informieren wir Patienten mit leichten Erkrankungen sowie deren Angehörige regelmäßig darüber, wann man einen Notruf wählen sollte und wann nicht. Doch leider trifft unsere Aufklärungsarbeit meist auf Ablehnung statt auf Einsicht. Gern beschweren sich die Betroffenen sogar im Nachgang an offizieller Stelle, sodass wir letztlich auch noch eine Stellungnahme schreiben dürfen. Ich frage mich dann immer, wofür wir uns eigentlich rechtfertigen sollen: dass dem Patienten geholfen wurde? Echte Notfälle sind dankbar dafür. Um Behandlungsfehler geht es nämlich meist gar nicht, sondern nur darum, dass der Tonfall nicht passte.

Wenn wir uns im Gegenzug beschweren wollten, weil beispielsweise eine Infektionskrankheit verschwiegen wurde, könnten wir das lediglich bei einem Anwalt. Und was würde der sagen? „Solange Ihnen daraus kein Nachteil erwachsen ist, gibt es keine Rechtsgrundlage für eine Anzeige."

Und so schlagen wir uns mit diesem Kasperletheater herum und wissen manchmal nicht, ob wir darüber weinen oder lachen sollen. Wie in diesem Fall: Ich wurde zu einem Arbeitsunfall alarmiert, der den Titel „Fingerpiks" trug. Ich war gespannt. Vor Ort trafen wir auf einen Patienten in Begleitung eines Ersthelfers, der ihm einen kleinen Verband um den Zeigefinger angelegt hatte. Auf unsere Frage nach dem Unfallgeschehen gab der Verletzte an, dass er sich mit einem Draht, vergleichbar mit einer Büroklammer, in den Finger gestochen habe. Auch nach gründlicher Anamnese und Untersuchung konnten wir keine schwerwiegenden Wunden feststellen. Also legten wir dem Patienten nahe, sich beim Durchgangsarzt vorzustellen, damit der Arbeitsunfall erfasst werden könne. Der Patient wie auch der Ersthelfer waren damit einverstanden, und ich betete in Stille, dass unser nächster Einsatz nicht „Blutung an Daumen nach Knopfannähen" heißen würde. Wir kamen also mit einem Kopfschütteln aus der Nummer raus und staunten nicht schlecht, als wir drei Wochen später aufgefordert wurden, eine Stellungnahme dazu zu schreiben. Der betriebliche Ersthelfer hatte sich beschwert. Warum, habe ich bis heute nicht ganz verstanden. Vielleicht fühlte er sich in seiner Kompetenz verletzt: Schließlich hatte er den Fingerpiks als lebensbedrohlich eingestuft, wir hingegen nicht.

Abgeleitet vom Begriff des *NATO-Meetings* nenne ich so was gerne NATO-Beschwerden: *No action, talk only*. Denn bis auf die Tatsache, dass insgesamt fünf verschiedene Personen Zeit investieren, um böse Briefe zu verfassen beziehungsweise zu beantworten, erwächst aus solchem Gezeter nichts. Außer dass ich sauer werde. Denn im Grunde hätten wir uns beklagen müssen, dass ein voll ausgerüsteter RTW mit zwei hoch qualifizierten Rettungskräften zum Pflasterkleben geschickt wird!

Aber von uns wird erwartet, dass wir das alles ertragen. *Aus Liebe zum Leben*, würden die Johanniter sagen. Vielleicht erscheint dem einen oder anderen dieser Leitsatz etwas romantisch und idealistisch, dennoch ist es im Kern genau das, was uns antreibt und uns selbst um 2 Uhr in der Früh aufstehen lässt: damit wir ein Menschenleben retten können. Leider sind es nicht nur die Bagatelleinsätze, die uns dabei gelegentlich im Wege stehen.

KLAPPE HALTEN, WEITERMACHEN!

Vielleicht haben Sie sich beim Lesen gefragt, warum all diese Probleme nicht längst adressiert und angepackt wurden. Schließlich bestehen sie seit Jahren, wenn nicht Jahrzehnten, und sie sind mehr als offensichtlich. Wäre es nicht zielführender, die Missstände mit den Vorgesetzten zu besprechen, statt sich anonym im Internet darüber zu beschweren?

Die Antwort darauf ist: Viele Kollegen haben es bereits versucht. Geändert hat sich nichts. Nur die Resignation wächst.

Aber weshalb ist das so?

Wie ich bereits erwähnte, ist eine wertschätzende Kommunikationskultur leider selten im Rettungsdienst. Das gilt auch für die Führungsebene. *Feedback* wird nicht als Chance für Verbesserungen gesehen, sondern oft als Kritik interpretiert. Zeigt man also Rückgrat und spricht suboptimale Prozesse an, landet man schnell im Abseits. Und wer will das schon? Vor allem, wenn es sowieso nichts bringt.

Selbst wenn man inoffiziell etwas Negatives äußert, kann man sich darauf verlassen, dass dies dem Wachleiter oder gar der Fachbereichsleitung zu Ohren kommt. Dafür sorgen systemtreue Kollegen, die sich im Gegenzug Gunst und Vorteile erhoffen. Hätten Sie Lust, in solch einem Umfeld den Mund aufzumachen? Er wird Ihnen ja doch über kurz oder lang verboten. Denn, so ist zumindest mein Eindruck: Die weiße Weste des Rettungsdienstes soll bloß keine Flecken bekommen!

Also hält man die Klappe und macht weiter wie bisher. Oder man geht.

Einige wenige steigen in eine Führungsposition auf. Nun, so sollte man meinen, können sie endlich etwas ändern! Doch statt alle Hebel in Bewegung zu setzen, um die Verhältnisse zu verbessern, spielen sie das morbide Spiel um die Unantastbarkeit des Rettungsdienstes weiter. *Kritik ist unerwünscht*: Dieses Motto wurde ihnen jahrelang vorgelebt. Das gibt man nicht so einfach auf. Außerdem ist es bequemer, als sich mit Verbesserungswünschen auseinanderzusetzen.

Ergo ändert sich nichts auf den Wachen, Hauptsache, in der Außenwahrnehmung ist alles bestens. Für das intakte Image wird sich stark gemacht, für die Mitarbeiter nicht.

Selbst wenn Privatpersonen sich ungerechtfertigt beschweren, steht niemand hinter uns. Statt die betroffenen Mitarbeiter von derartigen Anfeindungen zu entlasten, müssen diese dazu Stellung nehmen und sich im Zweifelsfall noch entschuldigen. Das fühlt sich nicht nur unfair an, das ist es auch.

Noch interessanter wird es, wenn ein Anwalt eingeschaltet wird. Wer jetzt glaubt, dass uns dann prompt und unkompliziert eine Rechtsvertretung zur Seite steht, irrt. Bei Schadensersatz- oder Schmerzensgeldklagen, die sich gegen den Träger richten, springen dessen Juristen ein. Wenn der Patient jedoch strafrechtlich gegen einen Retter vorgeht, nicht. Diese Verantwortung dürfen wir gern allein tragen.

Und so ist es nicht verwunderlich, dass sie nur allzu gern weitergegeben wird. Wir nennen es das *Schwarzer-Peter-Prinzip*: Dabei gilt es, die Entscheidungsverantwortung oder heikle Aufgaben anderen unterzujubeln. Dies kann zu folgenden Kettenreaktionen führen: Ein Patient mit unklaren, neu aufgetretenen Beschwerden ruft beim Hausarzt an. Der verweist sicherheitshalber an die 112, wo der Leitstellendisponent weder die Zeit hat, tiefer nachzuforschen, noch die Konsequenzen einer Fehleinschätzung tragen möchte, also schickt er einen Rettungswagen. Die RTW-Besatzung wiederum hat auch kein Interesse an einem Prozess wegen unterlassener Maximalversorgung und zieht sich mit dem Transport ins Krankenhaus aus der Affäre. Somit landet der oder die Schwarze Peter/Petra in der Notaufnahme, dessen Personal vermutlich ebenso ein dickes Buch über den alltäglichen Irrsinn im Gesundheitswesen schreiben könnte wie dieses hier.

Auch die Polizei kann uns in dieser Angelegenheit oft nicht weiterhelfen. Wenn wir darum bitten, Personen, die ungerechtfertigt immer wieder den Rettungsdienst rufen, einmal kraft ihres Amtes über das Fehlverhalten zu belehren, bekommen wir nur selten Unterstützung. Denn der Patient könnte ja beim nächsten Notruf tatsächlich eine Erkrankung haben. Und dann? Dieses Risiko möchte niemand eingehen.

Wir hingegen dürfen unser Berufsrisiko gern allein schultern. Rückhalt erfahren wir kaum. Als bräuchten die, die schützen und retten, selbst keinen Schutz. Wir sollen unsere Arbeit machen und schweigen. Auch über das, was wir dabei über den Patienten erfahren.

Denn der Rettungsdienst unterliegt der *Schweigepflicht*. Das bedeutet, dass Sie uns gegenüber vollends offen sein können und nicht fürchten müssen, dass wir Informationen ohne Ihr Einverständnis weitergeben. Dagegen sind auch neugierige Angehörige machtlos. Selbst wenn Sie etwas Verbotenes getan haben, kann uns die Polizei nicht zwingen, auszusagen, denn: „Es kann nie mutmaßlicher Wille des Patienten sein, dass eine Strafverfolgung gegen ihn eingeleitet wird." – Rechtsanwalt Prof. Dr. Dr. Karsten Fehn im Podcast *Retterview* – Folge 29.

Doch es wird uns manchmal nicht leicht gemacht, uns an das Gebot zu halten: Ich selbst kann von einem Fall berichten, da die Patientin uns den Grund für ihren Unfall anvertraut hat und die Polizei hartnäckig darauf bestand, dass wir diese Information an sie weitergeben sollten. Als wir uns auf die Schweigepflicht beriefen, kam es zu unschönen Wortgefechten. Wären wir eingeknickt, hätte uns ein findiger Anwalt möglicherweise dafür zur Verantwortung ziehen können, dass der Patientin ein Schaden entstanden ist (zum Beispiel aufgrund eines Führerscheinverlusts), weil wir unsere Schweigepflicht verletzt haben.

Ehrlich gesagt fühle ich mich in solchen Situationen wie ein Spielball, der zwischen den Fronten hin- und hergeschubst wird. Dazu kommen möglicherweise noch Gewissensbisse. Denn oft passen die Schweigepflicht und der eigene moralische Kompass nicht zusammen. Da werden uns unfreiwillig Bürden auferlegt, indem wir Dinge verschweigen müssen, die wir als ungerecht empfinden. So ist es uns (wie auch allen anderen Berufsgruppen, die der Schweigepflicht unterliegen) sogar untersagt, einen Mord zu melden. Solange er bereits begangen *wurde* (Vergangenheit) und somit keine Rechtsgüter (aktuell oder zukünftig) mehr in Gefahr sind, gibt es keinerlei Grundlage, dieses Geheimnis zu verraten. Anders sieht es aus, wenn der Patient uns eröffnet, dass er weitere schwerwiegende Straftaten *plant*. In diesem Fall wären wir von der Schweigepflicht entbunden. Immerhin.

Zusammengefasst sollen wir also ohne Murren jedes Wehwehchen bedienen, tags wie nachts, bekommen dafür Beschwerden von allen Seiten oder direkt eins auf die Mütze. Das alles für einen Hungerlohn und die gute Aussicht auf einen Burn-out oder Bandscheibenvorfall unter dreißig. Hätten Sie Lust auf so einen Job?

PERSONALFLUCHT UND NACHWUCHSMANGEL

Aufgrund der mäßigen Arbeitsbedingungen im Rettungswesen laufen uns die Leute weg. Immer mehr Notfallsanitäter entscheiden sich für attraktivere Alternativen: sei es ein Studium, den Job in einer Notaufnahme oder den Weg zur Berufsfeuerwehr. Aber was genau führt sie dorthin?

Dass ein Studium oder eine andere Ausbildung neue Horizonte und vollkommen andere Berufsfelder eröffnen kann, muss ich sicher nicht weiter ausführen. Diese mit dem Rettungsdienst zu vergleichen, ist schlicht unmöglich. Und es geht mir hier auch nicht um einen Wettstreit der Professionen. Dennoch ergeben sich im Dienst zwangsläufig Berührungspunkte zu angrenzenden Berufsgruppen, bei denen manches gleich, einiges besser oder einfach anders läuft. Ein Blick über den Tellerrand lohnt allemal.

So ist die Möglichkeit einer *Verbeamtung* in der Berufsfeuerwehr interessant. Denn diese ist ein Fachbereich der Stadtverwaltung und somit des öffentlichen Dienstes. Demgegenüber beruht der Rettungsdienst auf einer ausgeschriebenen Leistung, die von privaten Unternehmen oder Hilfsorganisationen erbracht wird. Dies ist vergleichbar mit einer Baumaßnahme der Stadt: Die Ausschreibende kann verbeamtet sein, der Bauunternehmer nicht.

Was die Feuerwehr noch zu bieten hat, sind die vielfältigen Entwicklungsmöglichkeiten: Inhaltlich wäre da beispielsweise die Weiterbildung zum Drehleitermaschinisten zu nennen, in Spezialeinheiten werden Höhenretter oder Taucher gebraucht, aber auch die Übernahme von *Führungspositionen* innerhalb der Wachabteilungen sowie ein Aufstieg in den gehobenen und den höheren feuerwehrtechnischen Dienst sind möglich.

Auch Kliniken werben Rettungsdienstpersonal ab. Sie locken mit flexibleren Arbeitszeiten und einer verbesserten Vereinbarkeit von Familie und Beruf. Mittlerweile gibt es bereits Modelle, wo große stationäre Versorger wie das Uniklinikum Ulm in die Ausbildung von Notfallsanitätern einsteigen, mit dem Ziel, diese anschließend in der Notaufnahme oder Intensivstation einzusetzen. Ob letztlich jedes der oben genannten Versprechen eingehalten werden kann, ist fraglich. Denn familienfreundlich ist das Gesundheitswesen mit seiner überbordenden Arbeitslast und den Diensten nirgendwo.

Dennoch verlieren wir viele gute Leute an die Krankenhäuser: und zwar als Ärzte und Ärztinnen. Sehr viele Notfallsanitäter überbrücken mit dem Rettungsdienst die Wartezeit auf einen Medizinstudienplatz. Das bedeutet, wir haben es hier mit fachlich interessierten, engagierten jungen Leuten zu tun, die wir langfristig an den Rettungsdienst binden könnten. Doch womit? Grundsätzlich bietet der Rettungsdienst viele interessante Betätigungsfelder. Nehmen wir die *Luftrettung*. Die gibt es nicht nur in Klettergebieten: Der Rettungshubschrauber hat die Aufgabe, den Notarzt und den Notfallsanitäter auf schnellstem Wege zum Patienten und diesen wiederum ins Krankenhaus zu bringen (beispielsweise bei einem schweren Verkehrsunfall mitten im Nirgendwo). Auch für die Verlegung von Intensivpatienten wird er genutzt, wobei hierfür auch die *Intensivtransportwagen* zur Verfügung stehen. Ein weiteres spannendes Einsatzgebiet.

Allerdings ist diese Bandbreite nicht der Standard, sondern oft nur in großen Rettungsdienstbereichen zu finden. Natürlich wollen alle die attraktiven Felder beackern, und so kommt es, dass mancherorts die Ausschreibenden die Leckerbissen ihrer eigenen Flotte zuweisen. Für uns bleiben dann noch die Routinefälle, die keiner will. Auch habe ich es schon oft erlebt, dass die Leitstelle uns unbeliebte Jobs zuteilt wie in einer ungemütlichen Gewitternacht, wo wir gegen 1 Uhr zu einer gestürzten Person alarmiert wurden, die eigentlich im Einsatzgebiet der Feuerwehr lag. Warum? Ich schätze, dass Leitstellendisponenten, welche selbst zur Feuerwehr gehören, vereinzelt nicht ganz objektiv handeln. Sie wollen ihre Kollegen für Einsätze, die keine echten Notfälle sind, nicht wecken und schicken dann die Fahrzeuge der Hilfsorganisationen. In solchen Momenten fühlt man sich wie ein Retter zweiter Klasse. In jener verregneten Nacht mussten wir also einem gestürzten, aber unverletzten Patienten aufhelfen, da die Ehefrau dafür nicht die Kraft hatte. Moralisch vollkommen okay, dem alten Mann unter die Arme zu greifen. Wir untersuchten ihn orientierend auf mögliche Ursachen und Folgen des Sturzes und haben dem wirklich reizenden Ehepaar sicher einige Sorgen genommen. Trotzdem steigert eine derart unfaire Aufteilung der Einsätze nicht gerade die Attraktivität unseres Jobs. Als Notfallsanitäter einer Hilfsorganisation bleibt in der Regel lediglich der Einsatz auf einem klassische RTW mit *überschaubaren Entwicklungsmöglichkeiten*.

So kann man eine Zusatzqualifikation zur Praxisanleitung machen, die einen befähigt, Schüler an die praktischen Aufgaben heranzuführen. Weiterhin ist eine Weiterbildung zum Desinfektor oder im Bereich Intensivmedizin möglich. Als Führungspositionen sind lediglich die Wachleitung und die Fachbereichsleitung zu nennen, deren Posten dünn gesät und meist auf Jahre besetzt sind. Weiterhin gibt es noch die *Organisatori-*

sche Leitung Rettungsdienst, welche in Großschadenslagen die taktische Planung und Koordination materieller und personeller Ressourcen übernimmt. Meines Erachtens fehlen im Rettungsdienst interessante Zwischenziele und Verantwortungsbereiche, die man sich im Laufe seiner Dienstzeit erarbeiten könnte.

Eng damit verbunden ist die Gehaltsentwicklung, die flach beginnt und nur über die Dienstjahre und nicht durch Leistung beeinflusst werden kann. Egal, wie viel Engagement man zeigt, Anerkennung oder Dank erntet man dafür nicht. Arbeit ist hingegen mehr als genug da, selbst die FSJler werden verheizt, wie dieser Insta-Post eindrücklich darstellt: „Die anderen FSJler auf der Wache und ich fahren seit einem Monat etwas mehr als 50 Prozent aller Dienste auf den Nacht-KTWs. Am Wochenende, feiertags, von heute auf morgen, für die Firma selbstverständlich. Und das für 380 Euro pro Monat, kein Anspruch auf Zuschläge jeglicher Art. Dass Ruhezeiten eingehalten werden, ist das absolute Minimum, wird aber als Privileg und Entgegenkommen verkauft.“

Geht man so mit seinem Nachwuchs um? Kein Wunder, dass uns die jungen Talente davonlaufen.

Hinzu kommen, wenn man viele Jahre dabei ist, die fehlende Abwechslung und inhaltliche Herausforderung. Möglicherweise könnte dem mit arztfreien *Paramedic*-Systemen, die es in den USA, Großbritannien und den Niederlanden gibt, begegnet werden. Damit bekäme das Rettungswesen erweiterte Kompetenzen und neue interessante Handlungsfelder.

Alternativ schlug eine Followerin vor, „man könnte vor der Ausbildung klarstellen, dass Notfälle eben nur ein kleiner Teil der Patienten sind (...)“.

Vielleicht sollte man dies tun. Doch aus meiner Sicht löst sich das Problem nicht dadurch, dass man von Anfang an darum weiß. Es schreckt motivierte Kandidaten möglicherweise nur ab. Oder vermittelt das irreführende Bild, dass man im Rettungsdienst eine ruhige Kugel schieben könne, weil die meisten Einsätze keine richtigen Notfälle seien. Beides wäre im Kampf um gute Fachkräfte nicht hilfreich.

Statt junge Rekruten über Missstände aufzuklären, sollten wir meiner Meinung nach die Problemfelder aktiv angehen. Damit der Rettungsdienst wieder das wird, was er eigentlich ist: der tollste Job der Welt!

RETTEN WIR DEN
RETTUNGSDIENST!

Würde man den Rettungsdienst mit einem Fahrzeug vergleichen, dann sähe das so aus: Der Auspuff knattert, der Motor stottert, der Keilriemen klemmt, das Reifenprofil ist abgefahren und der Innenraum verdreckt. Leider kümmert sich niemand um den Oldtimer, weil viele andere Schrottkarren längst am Straßenrand stehen geblieben sind und dringlicher Hilfe benötigen. Der Rettungsdienst läuft ja noch, der kann warten. Bis er am Ende auch mit qualmender Motorhaube im Graben landet. Und wer rettet dann die Verunglückten auf der Autobahn? Ich finde, wir sollten alle mit anpacken, um den Rettungsdienst wieder auf Vordermann zu bringen. Denn leider hat Gesundheit keine finanzstarke Lobby. Und wir alle zahlen den Preis, wenn das Blaulicht nicht mehr blinkt. Doch wie? Beleuchten wir verschiedene Stellschrauben, an denen die Verantwortlichen, die unmittelbar daran Beteiligten, aber auch Privatpersonen drehen können.

GESUNDHEITSWESEN ALS SCHULFACH

Eines der Hauptprobleme im Rettungswesen ist wohl dessen gedankenlose Nutzung und die daraus resultierende Überlastung des Systems mit Bagatelleinsätzen. Vorausgesetzt, dass dies auf *Unwissenheit* und nicht auf Vorsätzlichkeit beruht, ergibt sich daraus der erste Hebel, Denn dem kann mit *Bildung* begegnet werden. Und wer wäre dafür besser geeignet als die Schule?

Aus meiner Sicht ist es unerlässlich, das Thema Gesundheitswesen in allen weiterführenden Schulen zu behandeln. So lernen die Partygänger von heute, die Patienten von morgen und im besten Fall sogar deren Angehörige, was es bedeutet, wenn man die 112 ruft.

Mir wäre es dabei wichtig, dass die Jugendlichen die einzelnen Berufsbilder und deren Tätigkeitsfelder kennenlernen. Mittels praxisnaher Beispiele könnte man erklären, welchen Teil des Gesundheitssystems man bei einer (kleineren) Verletzung oder (schweren) Erkrankung ansteuern sollte.

Natürlich erwarte ich nicht, dass Teenager sich zuverlässig selbst diagnostizieren. Aber wenn man zum Beispiel weiß, dass der Rettungswagen keine „Grippespritze" an Bord hat, dann wende ich mich mit meiner Erkältung vielleicht doch lieber gleich an den Hausarzt oder den ärztlichen Bereitschaftsdienst. Auch könnte mit dem allgegenwärtigen Mythos, dass wir bei Alkoholintoxikation den Magen auspumpen, aufgeräumt werden. Wenn die Kids wissen, dass der Patient einfach nur in die nächste Notaufnahme zum Ausnüchtern gefahren wird, dann bringt man den betrunkenen Freund vielleicht lieber nach Hause ins eigene Bett. Vorausgesetzt, er oder sie ist noch so weit bei Bewusstsein, dass die Schutzreflexe funktionieren.

Bereits an diesem kleinen Beispiel kann man erkennen, dass es im Grunde nicht reicht, lediglich über die Strukturen zu reden. Eine Basisausbildung in erster Hilfe für häufige Erkrankungen und Verletzungen im Alltag wäre aus meiner Sicht für alle Menschen wünschenswert. Denn die Fähigkeit, kleinere Wehwehchen selbst zu erkennen und zu behandeln, geht zunehmend verloren. Woran das liegt, ist schwer zu sagen. Vielleicht, weil viele auf dem Sofa vor dem Fernseher oder der Spielkonsole groß geworden sind und sie Schürfwunden an Kinn und Knie nicht kennen. Manche entdecken bei ihrer Google-Suche nach einem Zipperlein eine lebensbedrohliche Erkrankung und sterben dabei fast vor Angst.

Gleichzeitig kann kaum ein Durchschnittsbürger eine Laienreanimation durchführen, die meisten kennen die Herzdruckmassage nur aus Arztserien oder erinnern sich vage an den Kurs zu lebensrettenden Sofortmaßnahmen vom Führerschein.

Daher mache ich mich ebenso für den *Reanimationsunterricht* in Schulen stark. So habe ich Ende 2021 die Petition vom Deutschen Rat für Wiederbelebung und Dr. med. Carola Holzner mit dem Hashtag #ichrettedeinleben unterstützt. Die Petition sieht eine verpflichtende Einführung des Reanimationsunterrichts an Schulen ab der 7. Klasse vor. 50 000 Menschen haben sich mit ihrer Unterschrift dafür eingesetzt. Doch leider gab es von offizieller Seite (wie dem Bildungsministerium in Kiel) keine Unterstützung. Die Argumentation: Man möchte lieber auf freiwillige Angebote setzen, um den Kindern die große Verantwortung und den damit einhergehenden Stress nicht zuzumuten, sollte es tatsächlich zu einer Reanimation kommen.

Kann ich nachvollziehen. Aber was, wenn Oma oder Opa

plötzlich zusammenbrechen? Wäre es für den Heranwachsenden nicht entlastend, wenn er wüsste, was in solch einem Fall zu tun ist? Natürlich steht an erster Stelle, die 112 zu rufen. Doch bis zum Eintreffen des RTW minutenlang tatenlos und voller Angst neben der geliebten Person zu stehen, ist sicher schlimmer, als in dieser Zeit selbst etwas unternehmen zu können. Und nebenbei erhöht es die Chance, dass Oma oder Opa überleben.

Abgesehen von solch theoretischen Überlegungen kommt es meiner Meinung nach extrem selten vor, dass ein Zwölf- oder Dreizehnjähriger in eine Reanimationssituation verwickelt wird. Vielmehr sehe ich in einer frühen Schulung der Bevölkerung den ersten Schritt hin zu einem größeren Allgemeinwissen um lebensrettende Maßnahmen, was mit einem Kurs in der 7. Klasse nicht aufhören sollte.

Leider sind auch die freiwilligen Angebote, auf die der Staat setzt, nur rar gesät. Zwar bieten Hilfsorganisationen wie die Johanniter-Jugend oder das Jugendrotkreuz die Ausbildung zum Schulsanitäter an und einige Schulen unterstützen diese Tätigkeit aktiv.[32] Aber von einem flächendeckenden Bildungsangebot sind wir weit entfernt. Das Einzige, was Kinder heutzutage zuverlässig in Kindergarten und Grundschule lernen, ist die Notrufnummer. Und viel mehr, als die 112 zu wählen, bleibt bis ins Erwachsenenalter leider nicht hängen, wenn überhaupt.

EINE NUMMER, KLARE ZUSTÄNDIGKEITEN

Ich hatte als kleiner Junge einen Fahrradunfall, bei dem ich von einem PKW erfasst wurde und ziemlich heftig aufgeschlagen bin. Obwohl ich leicht benebelt war, weiß ich bis heute genau, wie die Leute um mich herum diskutierten: „Muss man die 112 oder 110 rufen? 110 ist Feuerwehr, oder?"

Natürlich kann man in einer Stresssituation schnell mal auf dem Schlauch stehen: keine Sorge, die 110 vermittelt an die 112 und umgekehrt. Aber ich fürchte, dass das Rätseln um die richtige Nummer auch dann stattfindet, wenn man beliebige Passanten in Ruhe zu dem Thema befragt. Offenbar fehlt es an einer klaren und allgemein bekannten Struktur, wen man in welchem Notfall ruft.

Erst kürzlich hat sich in meinem Heimatort ein LKW festgefahren und prompt kam die Frage auf: Wer ist dafür eigentlich zuständig? Ordnungsamt, Polizei, Feuerwehr, ADAC? Das Nummernchaos wütet also überall. Auch im Gesundheitsbereich und insbesondere in Großstädten: Da gibt es beispielsweise die privaten Krankentransporte, den Rettungsdienst, den ärztlichen Notdienst, den Apothekennotdienst, Krisendienste für seelische Notsituationen oder die Telefonseelsorge. Wie soll man sich in solch einem Dschungel noch zurechtfinden? Vor allem, wenn man unter Druck steht und weder Zeit noch Nerven hat, den passenden Kontakt zu recherchieren.

Meiner Meinung nach kann man medizinisch nicht vorgebildeten Personen auch nur bedingt zumuten, sich selbst das passende Hilfsangebot zu verordnen.

Somit ist ein *gemeinsames Notfallleitsystem* mit einer zentralen

Erreichbarkeit aus meiner Sicht unumgänglich. Dieses wurde im Gesetzesentwurf „Reform der Notfallversorgung" aus dem Jahr 2020 bereits festgehalten: ein erster Schritt.

Aber was sollte dieses System leisten?

Zum einen mag es die Suche nach dem richtigen Ansprechpartner erleichtern. Zum anderen könnte es den unsachgemäßen Einsatz oder gar Missbrauch von Rettungsressourcen reduzieren. Lassen Sie mich dies an einem Beispiel verdeutlichen: Wenn ich heute einen Hexenschuss erleide (und nicht mehr zum Hausarzt komme), kann ich die 116 117 oder die 112 rufen: je nachdem, welche Nummer ich gedanklich parat habe, wie existenziell bedrohlich sich die Schmerzen für mich anfühlen oder ob ich einfach glaube, dass ich mit dem RTW schneller drankomme. Das Krankheitsbild bleibt dabei das gleiche, die Behandlung letztlich auch, nur der Ressourceneinsatz unterscheidet sich – und dieser liegt derzeit noch in der Hand der Patienten.

Um dem Abhilfe zu schaffen, braucht es meines Erachtens einen Entscheidungsbaum, der den Leitstellendisponenten das Arbeiten erleichtert. Ein guter Startpunkt wäre eine einheitliche Nummer, zum Beispiel die 112. Mittels wissenschaftlich fundierter Fragebögen könnte nun ermittelt werden, welche medizinische Hilfe der Anrufer braucht. Entsprechende Konzepte (wie beispielsweise die Criteria Based Dispatch Guidelines oder das Advanced Medical Priority Dispatch System) existieren bereits, werden in Deutschland jedoch noch nicht flächendeckend eingesetzt. Ich sehe hier großes Potenzial. Und obgleich ich kein Fachmann für Leitstellenoptimierung bin, möchte ich mein Gedankenexperiment zur Verbesserung der Notrufbearbeitung hier einmal durchspielen: Ich könnte mir das so vorstellen, dass jede Antwort im Abfragebaum einen numerischen Wert erhält. Schritt für Schritt summiert sich der *Triage-Score* auf (Triage bedeutet Sichtung der Patienten sowie Ersteinschätzung der Behandlungsdringlichkeit) und das entsprechende Hilfsangebot wird bestimmt. Dabei durchläuft nicht jeder Anrufer alle Fragen, lebensbedrohliche Zustände werden gleich zu Beginn herausgefiltert.

So könnten die ersten zwei Fragen (gleich nach der Ermittlung des Aufenthaltsortes) lauten: „Ist der Patient ansprechbar?" und „Atmet der Patient?"

Wird dies verneint, sollte der Triage-Score einen kritischen Wert bereits überschreiten und den Notruf auf höchste Dringlichkeit setzen. Nachfolgend würde erfragt, was geschehen ist, damit der Leitstellenmitarbeiter das Schlagwort, welches den Notfall am besten benennt, in die Abfragemaske eingeben kann. Dort, wo es nicht ganz so zeitkritisch ist, kann gegebenenfalls noch weitergeforscht werden, um der Diagnose beziehungsweise den Differenzialdiagnosen möglichst nahezukommen, damit der Patient eine passgenaue Hilfeleistung erhält.

Oder es steht bereits fest, dass ein Rettungswagen ausrücken muss. Nur wer bestimmt, welches Fahrzeug losfährt?

Schauen wir uns meine Vision einer Reorganisation des Leitstellen- und Dispositionssystems an. Ich orientiere mich dabei an dem in den USA bereits standardmäßig etablierten *Calltaker*- und *Dispatcher*-System.

VORSCHLAG EINER REORGANISATION DER PRÄKLINISCHEN NOTFALLVERSORGUNG

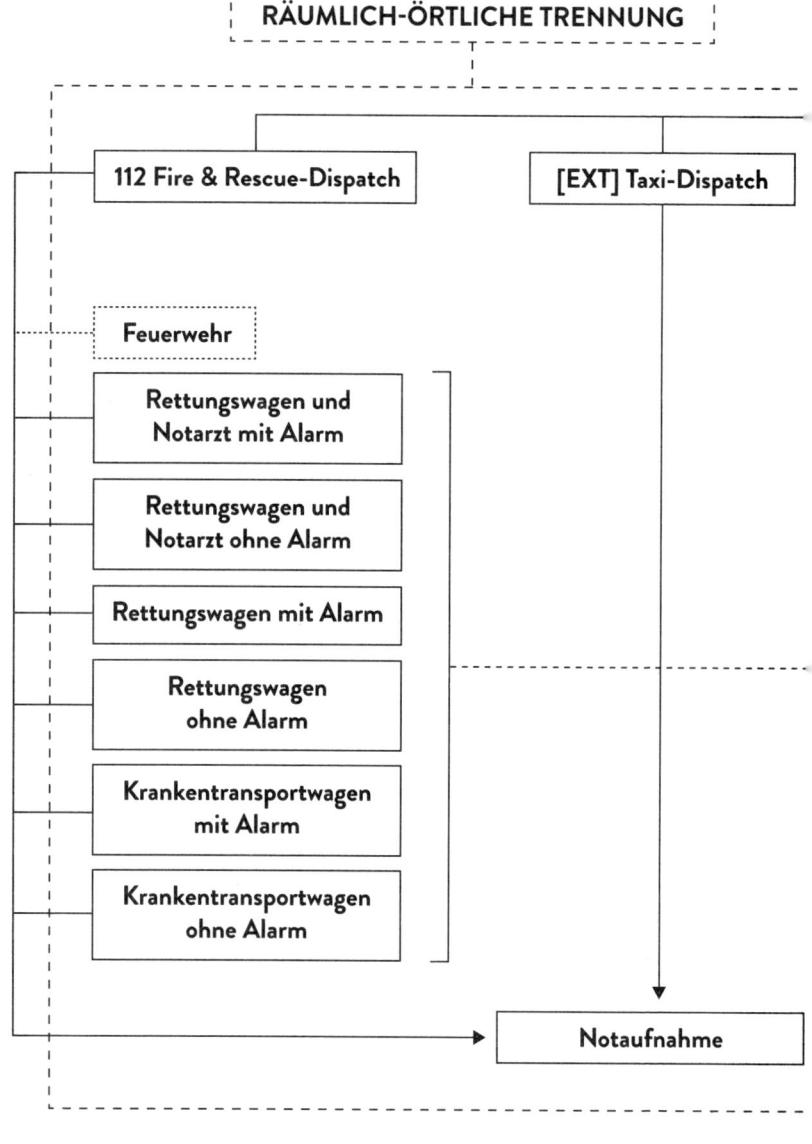

RÄUMLICH-ÖRTLICHE TRENNUNG

112 Fire & Rescue-Dispatch

[EXT] Taxi-Dispatch

Feuerwehr

Rettungswagen und Notarzt mit Alarm

Rettungswagen und Notarzt ohne Alarm

Rettungswagen mit Alarm

Rettungswagen ohne Alarm

Krankentransportwagen mit Alarm

Krankentransportwagen ohne Alarm

Notaufnahme

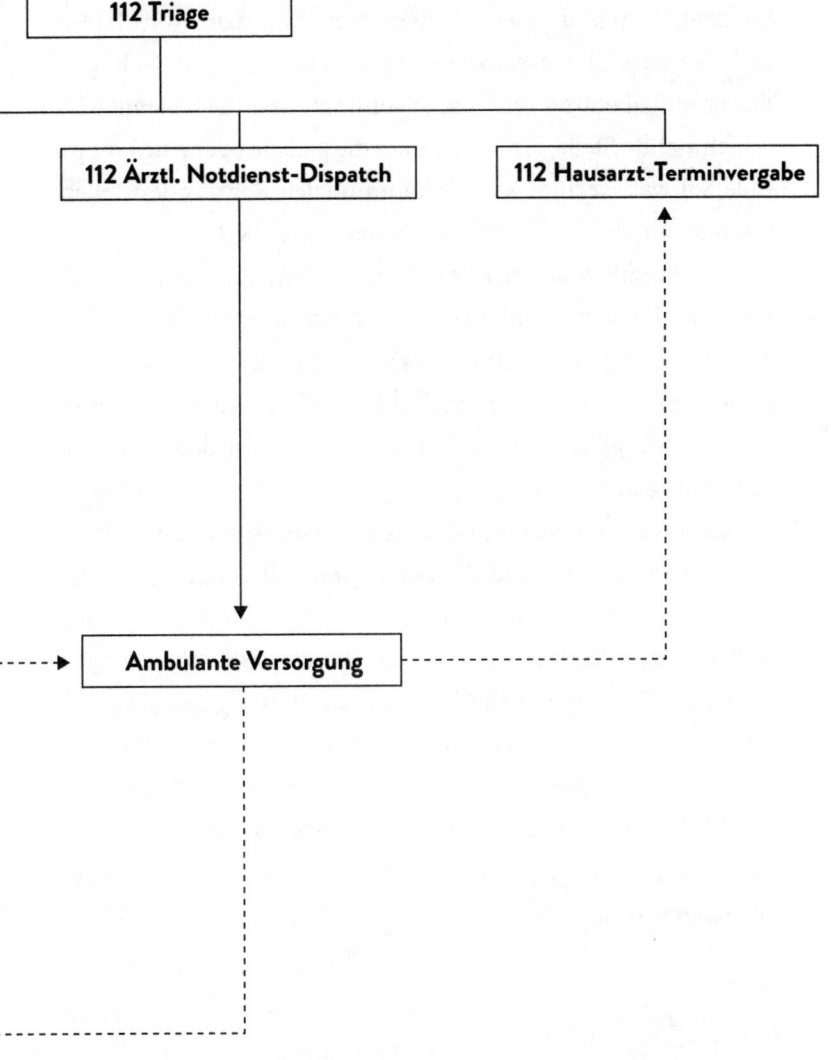

Aber auch in der von mir vorgeschlagenen Variante sollte es bereits zu Optimierungen kommen, denn die kommunalen Leitstellen können sich hier vollends auf die Fahrzeugdisposition konzentrieren und müssen sich nicht mehr um die Notrufabfrage kümmern. Eine essenzielle Voraussetzung für ein Gelingen dieser Aufgabentrennung wäre allerdings, dass die Hilfeersuche annehmende Stelle, *112 Triage*, über die gleiche oder eine kompatible Software verfügt wie die kommunalen Rettungsleitstellen, nennen wir sie *112 Fire&RescueDispatch (112 FRD)*.

Im Idealfall würde der das Hilfeersuchen annehmende *Calltaker* den Einsatz mithilfe des oben beschriebenen Triage-Algorithmus abfragen und anlegen. Dieser sollte dann automatisch in der zuständigen kommunalen Leitstelle eingehen – oder in einfacheren Fällen eben ein Taxi beziehungsweise den ärztlichen Notdienst alarmieren.

Was nun noch wichtig ist: dass eine homogene Ausstattung der Fahrzeugflotten und die benötigten Fahrzeugtypen vorgehalten werden. Ist dem nicht so, hat man zwar ein theoretisch perfekt ausgeklügeltes System, das aber an praktischen Fragen scheitert. Denn wenn die kommunale Rettungsleitstelle beispielsweise nicht über ausreichend Krankentransportwagen verfügt, dann wird ein Einsatz von 112 Triage zwar vorbildlich als KTW-Fahrt eingestuft, es muss jedoch letztlich ein Rettungswagen ausrücken, da die niedrigschwelligen Transportmittel nicht vorhanden sind.

Ein gestuftes Einsetzen der vorhandenen Fahrzeuge könnte (beginnend mit den dringenden Notfällen) folgendermaßen aussehen:

- Rettungswagen plus Notarzt mit Alarm, sprich Blaulicht und Martinshorn, zum Beispiel bei einer Reanimation
- Rettungswagen allein mit Alarm, beispielsweise bei einem Schlaganfall ohne Bewusstlosigkeit
- Rettungswagen ohne Alarm, zum Beispiel beim Meldebild „hilflose Person" (meist Alkoholvergiftung)
- Krankentransportwagen mit Alarm als Behelfsmaßnahme bei RTW-Kapazitätsauslastung
- Krankentransportwagen ohne Alarm für immobile Patienten, die einer zeitnahen medizinischen Abklärung bedürfen, ohne dass eine Akutsituation vorliegt.

Eine solche klare Kategorisierung der Fahrzeuge erfordert eine *einheitliche Ausstattung* der Flotten, wie in Bayern bereits umgesetzt. Schließlich muss man sich darauf verlassen können, dass der ausgewählte Wagen auch leisten kann, wofür er angefordert wurde. Sonst kann es schnell passieren, dass das nächst höher qualifizierte Rettungsmittel ausrücken muss. Und all die schönen Stufenpläne und Optimierungsmodelle wären nichts weiter als hübsche Dekoration auf Schreibtischen.

Und genau dort werden sie wohl leider auch noch ein Weilchen liegen. Denn bis eine umfassende Reform endlich umgesetzt ist, geht viel Zeit ins Land. Allein ein Triage-System zu entwickeln, das mit hoher Sicherheit Notfälle erkennt und gleichwohl niemanden durchs Raster fallen lässt, wird viele kluge Köpfe zum Rauchen bringen.

Dennoch ist es aus meiner Sicht wichtig, darüber nachzudenken, wie die Zukunft des Rettungswesens aussehen kann: ob nun laut oder leise, mit Kollegen oder Freunden. Erste Skizzen mögen der Realität nicht standhalten, aber sie bieten den Boden, auf welchem man diskutieren und mögliche Modelle weiterentwickeln kann. Dabei sollten so viele Beteiligte eingebunden werden wie möglich, um einen Erfolg zu gewährleisten.

Denn wer meine Idee bereits ein wenig weitergesponnen hat, wird merken, dass die Einführung eines Triagesystems zu einem Rückgang von Rettungswagen, insbesondere in Ballungsgebieten, führen muss. Schließlich sollen diese keine Bagatellen mehr behandeln und transportieren und werden in Konsequenz weniger gebraucht. Ein gewünschter Effekt meiner Reformidee, der jedoch nicht jedem gefallen wird. Denn Führungsebenen benötigen einen entsprechend großen Unterbau. Sprich, wenn eine RTW-Flotte von zehn auf zwei Rettungswagen schrumpft, braucht es für diesen Bereich möglicherweise keinen eigenen Chef mehr. Damit es somit nicht zu einem reflexartigen Veto – oder noch schlimmer: einem künstlichen Hochhalten von Einsatzzahlen – kommt, müssen alle von Anfang an in den Veränderungsprozess eingebunden werden. Denn der Bedarf an Hilfe schrumpft ja nicht, nur weil man ihn besser klassifizieren kann. Auch die Strukturen um den Rettungsdienst herum werden sich ändern müssen, sodass neue Entwicklungsmöglichkeiten entstehen: Dies gilt es ebenfalls zu durchdenken. Fangen wir gleich damit an.

WOHIN MIT DEN PATIENTEN?

Nun haben wir idealerweise alle Patienten herausgefiltert, die nicht lebensbedrohlich erkrankt sind und kein hoch qualifiziertes Rettungsteam mit Reanimationsausrüstung brauchen. Doch was passiert mit diesen Menschen? Wer fängt sie auf?

Eine Möglichkeit, die hoffentlich bald flächendeckend zur Verfügung steht, ist der *Gemeindenotfallsanitäter*. In einigen Regionen gibt es dazu bereits Pilotprojekte.[33] Die Resonanz ist durchweg positiv. Die Sanitäter erhalten eine Zusatzausbildung, um ambulante Tätigkeiten (zum Beispiel einen Katheterwechsel) selbstständig durchführen zu können. Ein ähnliches Konzept, um Versorgungslücken zu füllen und kleinere medizinische Probleme vor Ort zu lösen, ist die Gemeindeschwester.[34] Ich persönlich finde diese Angebote hilfreich, denn sie haben das Potenzial, unser überstrapaziertes Gesundheitssystem zu entlasten. Zudem bietet der Job des Gemeindenotfallsanitäters Kollegen, die ein ruhigeres Arbeitsumfeld suchen, eine gute Alternative, ohne dass sie gleich ganz aus dem Rettungswesen aussteigen müssen. Wichtig wäre aus meiner Sicht, dass diese neuen Versorgungskonzepte und deren Kompetenzen in der Bevölkerung bekannt werden. Ansonsten kann es passieren, dass die Patienten oder ihre Angehörigen auf einer Vorstellung im Krankenhaus bestehen, wie ich kürzlich erst wieder bei einer Dame mit Muskelverspannungen erleben durfte. Obwohl mein Kollege als gestandener Physiotherapeut eine klare Diagnose stellen und Therapieempfehlungen geben konnte: Die Patientin und insbesondere deren Sohn, wollten das gar nicht hören. Wir haben uns den Mund fusselig geredet, irgendwann resigniert den Kopf geschüttelt und die Frau, die selbstständig laufen konnte, in die Klinik transportiert.

Dafür hätte sie auch ein *Taxi* nehmen können. Das ist für gehfähige Patienten mit nicht lebensbedrohlichen Erkrankungen, in deren Einzugsgebiet es keine Gemeindesanitäter gibt, eine durchaus denkbare Option.

Die Kostenübernahme durch die Krankenkassen sollte mit der Anwahl der *112 Triage* automatisch gewährleistet sein. Eine finanzielle Mehrbelastung des Gesundheitssystems durch missbräuchliche Nutzung der Taxen fürchte ich nicht: Die Einsparungen, die durch die so verhinderten RTW-Einsätze erreicht würden, dürften ein Mehr an Taxifahrten zum niedergelassenen Arzt oder ins Krankenhaus aufwiegen.

Derzeit birgt dieser niedrigschwellige Weg ins Gesundheitssystem jedoch noch einige Hürden, die im Rahmen einer Reform addressiert werden sollten. Denn momentan muss ein Patient, der sich nicht mehr in der Lage fühlt, ein Auto zu steuern oder mit dem Bus zu fahren, das Taxi selbst bezahlen. Es sei denn, sein Hausarzt bestätigt, dass die Fahrt nötig ist. Nur wie erhält unser Patient die ärztliche Verordnung? Muss er sich erst krank und schwach zur Praxis schleppen und dort unter Umständen noch warten, nur um endlich ein Ticket zur weiteren Behandlung zu erhalten? Natürlich gibt es auch Hausbesuche, aber die sind nicht rund um die Uhr verfügbar und so landet doch der eine oder andere Kranke bei der 112. Umso sinnvoller erscheint es, dass genau dort Krankenfahrten durch professionell geschultes Personal vermittelt werden. Und zwar nach Schwere und Dinglichkeit gestuft.

Auch ein Kranker, der nicht mehr allein laufen kann, für den Weg in die Klinik jedoch keine medizinische Begleitung benötigt, würde in meinem Modell von der Leitstelle das passende Transportangebot erhalten.

Hier kommen nämlich die Patiententransporte ins Spiel, die aufgrund der fehlenden medizinischen Ausstattung und Ausbildung des Personals auch als *unqualifizierter Krankentransport* bezeichnet werden. Dieser gehört nicht zum Rettungsdienst, sondern wird privatwirtschaftlich von verschiedenen Unternehmen geführt. Auch der Rettungsdienst verfügt über Krankentransportwagen, die allerdings medizinische Ausrüstung an Bord haben und somit komplizierteren Fällen vorbehalten sein sollten.

Würden die Patiententransporte alle einfachen Fahrten übernehmen, käme es zu einer Entlastung der KTWs des Rettungsdienstes und indirekt auch der RTWs. Leider klappt das heutzutage noch nicht: Selbst da, wo es bereits eine gute Patiententransportinfrastruktur gibt, werden immer noch KTWs des Rettungsdienstes für simple Transporte angefordert – und nicht selten fährt ein RTW los, weil alle KTWs unterwegs sind.

Eine saubere Definition, wer für welche Transporte verantwortlich ist, kann eine Nutzung überqualifizierter und somit teurer Ressourcen verhindern. Wie beispielsweise diese *Spazierfahrt*, von der ich Ihnen berichten möchte: Wir wurden zur Verlegung eines gehfähigen Patienten alarmiert. Als wir, leicht verstimmt wegen der „Taxifahrt", die wir erledigen sollten, am Krankenhaus ankamen, war der Patient bereits weg. Wie das?

Der Arzt hatte einen Patiententransport angefordert, allerdings wurde ihm eine Vorlaufzeit von 60 Minuten angekündigt. So lange wollte er den Patienten (aus verschiedenen Gründen) nicht warten lassen, weshalb er die 112 anrief, da die ja *sofort* jemanden schicken. Nun hatte das Krankentransportunternehmen doch spontan ein Fahrzeug frei, welches vor uns ankam und den Patienten mitnahm. Ergo blieb für uns nur eine überflüssige Leerfahrt, wegen der wir für echte Notfälle nicht zur Verfügung standen: So ein Irrsinn sollte unbedingt vermieden werden. Nur wie?

Wer einer solchen Fehlbesetzung von RTW-Fahrten entgegenwirken kann, ist der *Telenotarzt*. Das ist ein Notarzt mit diversen Zusatzqualifikationen, der an die Leitstelle angegliedert ist und den Rettungsteams rund um die Uhr für medizinische Fragen zur Verfügung steht. So kann er eine Reanimation fachlich begleiten oder die Gabe von Medikamenten (auch Betäubungsmitteln) delegieren. Ein weiteres Aufgabengebiet ist die Einschätzung von Verlegungsanforderungen. Viele Klinikärzte sind nie Notarzteinsätze gefahren, sodass ihnen ein tieferes Verständnis für die Ausstattung und die Kompetenzen der einzelnen Fahrzeuge fehlt. So kann es zu folgenden Szenarien kommen: Ein Stationsarzt kreuzt für seine Verlegung (sicherheitshalber) „RTW plus Notarzt" an, diese Anforderung wird durch die Leitstelle 1:1 alarmiert, der Notarzt erscheint, hört sich die Patientengeschichte an und übergibt uns den Job, denn er könnte in diesem Fall höchstens Händchen halten.

Wäre ein Telenotarzt involviert, würde dieser kurz Rücksprache mit den behandelnden Klinikarzt halten, um den Patienten und dessen medizinischen Betreuungsbedarf einzuschätzen. Anschließend könnte der Telenotarzt die Anforderung auf das erforderliche Maß korrigieren.

Was ebenfalls den Rettungsdienst überlastet, ist die Anspruchshaltung einiger (aber leider zu vieler) Menschen, rund um die Uhr eine Abklärung verschiedenster (auch kleinster) Beschwerden zu erhalten. Und zwar am besten im eigenen Wohnzimmer und dann, wann es ihnen passt. Offensichtlich verwechseln diese Leute das Gesundheitswesen mit einem Lieferdienst: Man ist es ja dieser Tage gewohnt, dass selbst der Supermarkt die Einkäufe bis vor die Tür bringt. Warum also nicht auch den Arzt nach Hause bestellen? Mal abgesehen von aufklärenden Maßnahmen für Patienten, die bis auf ihre Unverschämtheit meist ziemlich gesund sind, braucht es zudem *verlässliche Strukturen*, um kleinere Wehwehchen sowie ambulante Krankheitsbilder, die einer weiteren Abklärung bedürfen, zumindest überbrückend behandeln zu können.

Nun wäre es ein Leichtes, diese Fälle an die 116 117 weiterzugeben, ohne hinzuschauen, was passiert, wenn die Patientenwelle dort eintrifft. Denn auch dieses System scheint überlastet. Im vergangenen Jahr bewältigte die Hotline 70 Millionen Anrufe, 2020 waren es noch 18 Millionen.[35]

Wir dürfen also mit unserem Veränderungswillen nicht an der Grenze des Rettungsdienstes aufhören. Denn die Patienten verschwinden ja nicht einfach, nur weil sie nicht mehr auf unseren Tragen liegen. Zumal ich die weit verbreitete Praxis, den Patienten möglichst in einen anderen Fachbereich zu schieben, nicht nur unkollegial, sondern auch menschenunwürdig finde. So ist es mir mit einem Patienten gegangen, den ich nach einem leichten Sturz aufgrund einer allgemeinen Schwäche in die Notaufnahme brachte: Die Internistin fand, dies sei aufgrund des Sturzes ein Fall für den Unfallchirurgen, dieser verwies auf die kleine Kopfwunde und bestellte einen Neurologen, welcher den Ball zurück an die Internistin spielte, denn dem Ganzen läge eine allgemeine körperliche Schwäche zugrunde. Schlimm finde ich das.

Vielleicht würde so etwas nicht passieren, wenn alle Beteiligten im Gesundheitswesen nicht unter extrem hohem Leistungsdruck ständen. Wenn es mehr Personal und weniger Kostensparzwänge gäbe. Das ist der springende Punkt, zu dem letztlich jede Debatte über die Probleme im Gesundheitswesen führt und dem man überall begegnet, hinter welche Tür man auch blickt: „Unsere Notaufnahme ist täglich überfüllt. Patienten schlafen teilweise bei uns, da auf den Stationen keine Betten frei sind. Dafür ist die zentrale Notaufnahme aber eigentlich gar nicht ausgestattet. Immer wieder müssen wir uns sperren lassen, weil wir keine Patienten mehr aufnehmen können. Selbst die Flure sind mit Tragen vollgestellt. Der Rettungsdienst muss dann weiterfahren. Ich liebe meinen Beruf, werde ihn aber unter diesen Bedingungen niemals auch nur 15 Jahre lang ausüben können. Jeden Tag sind meine Kollegen und ich bis in die letzte Faser unseres Körpers erschöpft. Nach dem Dienst habe ich kaum Kraft für mein Privatleben und möchte eigentlich nur noch etwas essen und mich hinlegen."

Solche Aussagen machen mir Bauchschmerzen. Denn ich bin mir ziemlich sicher, dass die Situation im hausärztlichen Notdienst nicht wirklich besser ist. Selbst wenn man dafür die beste Ausrüstung beschafft: Fehlt medizinisches Personal, kann ein Mehraufkommen von Patientengesuchen (die sonst den Rettungsdienst bemüht hätten) nicht abgefangen werden. Schließlich wird dieser Bereich von niedergelassenen Ärzten versorgt, deren Kapazitäten auch begrenzt sind: Tagsüber ist die Praxis rappelvoll, zudem müssen Hausbesuche gemacht werden, und abends sitzt man über Abrechnungen, besucht Fortbildungen oder kümmert sich um das Qualitätsmanagement. Das führt dazu, dass manche Praxen sogar Patienten ablehnen müssen. Und auch wir hören des Öfteren von Patienten: „Ich finde keinen Hausarzt."

Kann das sein? Oder ist das nur eine lahme Ausrede? Tatsächlich herrscht bereits heute ein Mangel an Hausärzten und dieser wird sich in den kommenden Jahren noch verschärfen. Laut einer Studie der Robert Bosch Stiftung könnten im Jahr 2035 rund 11 000 Praxen unbesetzt sein, in 2019/2020 waren es bereits 3 570. [36] Es dürfte also zunehmend schwieriger werden, Patienten in den hausärztlichen Bereich zu verweisen, wenn dieser vollkommen überlastet ist.

Hinzu kommt, dass Menschen, die gesund sind, oft keinen Hausarzt haben: wofür auch? Wenn man dann plötzlich krank ist, fällt es nicht leicht, sich just in dem Moment auf die Suche zu machen. Damit jene Patienten nicht beim Rettungsdienst landen und wir losfahren, um Hustensaft zu besorgen, wäre die Möglichkeit einer Terminvergabe in Hausarztpraxen über die 112 Triage denkbar, so, wie es über das Portal der 116 117 bereits möglich ist. Für Facharztbesuche erhält man vom Hausarzt zusammen mit der Überweisung einen Vermittlungscode, mit dem man online einen Termin bei ausgewählten Ärzten buchen kann. Auch Hausarzttermine können vereinbart werden, dafür benötigt man keinen Code. Ebenso nicht für Kinderärzte, Gynäkologen und Augenärzte. [37]

Es existieren also bereits Lösungsansätze, um Patienten den Weg zur passenden medizinischen Versorgung zu weisen. Man müsste nur den Zugang besser kanalisieren und die Anlaufstellen wie auch die Leistungserbringer stärker miteinander in einem gemeinsamen System vernetzen.

Und schon stößt man auf die nächste Herausforderung: eine kompatible *Software*, die von allen Beteiligten genutzt wird. Dass dies noch Zukunftsmusik ist, sieht man daran, dass im Gesundheitswesen vielerorts noch mit dem Faxgerät gearbeitet wird.

DIGITALISIERUNG IST KEY

Deutschland ist kein Digitalisierungsweltmeister, was man überall lesen, hören und spüren kann. In der EU liegen wir gerade mal im mittleren Bereich, möglicherweise bringt uns ausgerechnet die Coronapandemie etwas voran.[38] Ein wenig Rückenwind täte dem System ausgesprochen gut.

Aktuell dokumentieren sehr viele Rettungsdienstbereiche noch mit Stift und Papier ganz klassisch mit Durchschlägen, sodass man im Fall einer rechtlichen Prüfung damit beschäftigt ist, dünne Schrift auf blassem Formular zu entziffern. Dass eine mobile Datenerfassung sinnvoll und längst überfällig ist, liegt auf der Hand. In einigen Wachen gibt es bereits digitale Lösungen, allerdings hapert es noch immer an der Vernetzung. Leider sind viele Systeme und Komponenten nicht kompatibel, wie folgendes Beispiel zeigt: In einem Rettungsdienstbereich wurden kürzlich Rettungswagen sowie ein brandneues Einsatzleitsystem beschafft. Beide sind für sich genommen auf dem aktuellen Stand der Technik. Allerdings wurden die Rettungswagen herstellerseitig mit Navigationssystemen ausgerüstet, welche nicht mit dem Einsatzleitsystem zusammenarbeiten können. Also tippen die Rettungskräfte die Einsatzadresse weiterhin manuell ein, statt sich über automatisierte Prozesse zu freuen.

Auch bei der mobilen Krankendatenerfassung hakt es oft

an nicht funktionierenden oder fehlenden Kommunikations-schnittstellen zur weiterbehandelnden Klinik, aber auch zum Einsatzleitsystem. So müssen alle an der Patientenversorgung Beteiligten die Informationen stets von Neuem eingeben. Das ist nicht nur nervig, es raubt auch wertvolle Zeit, die wir für Wichtigeres einsetzen könnten: beispielsweise um mit dem Patienten ein paar aufmunternde Worte zu wechseln oder selbst kurz durchzuatmen, bevor es wieder weitergeht.

Ich kann es einfach nicht fassen, dass es im Jahr 2022 so schwierig sein kann, einzelne Systeme aufeinander abzustimmen. Wo doch bereits vor zehn Jahren Mülleimer in London wussten, wer sich wann und wie lange in welchem Geschäft aufhält.[39] Und was haben wir? Zettelwirrwarr. Dabei wäre es auch für die Qualitätssicherung von immenser Bedeutung, wenn man den Weg des Patienten vom Notruf bis zur Entlassung elektronisch nachverfolgen könnte. Auch für die Optimierung des weiter oben diskutierten *evidenzbasierten Abfragealgorithmus* und der daran angeschlossenen Prozesse sind fallbezogene Daten essenziell. Idealerweise sollte jedem Anruf bei der 112 Triage eine laufende Nummer zugewiesen werden, welche der Patient bis zur Entlassung aus der Notfallambulanz oder dem stationären Aufenthalt behält. Die abschließende Diagnose sowie einige Parameter sollten anonymisiert zur wissenschaftlichen Auswertung zur Verfügung gestellt werden, um eine kontinuierliche Verbesserung zu gewährleisten. Ebenso sollte ein *Fehlermeldesystem* integriert werden, in welchem kritische Ereignisse (wie eine falsche Medikamentengabe) erfasst und analysiert werden. Diese kennt man aus der Luftfahrt, sie sind jedoch auch aktiver Bestandteil des Gesundheitswesens. Hier wird über Behandlungs-

oder Pflegefehler sowie deren mögliche Vermeidung berichtet und so die Qualität der Versorgung gesichert.

Aber all dies ist nur möglich, wenn alle digitalen Strukturen miteinander in Verbindung stehen. Die 112 Triage wird sonst nie erfahren, dass Notruf X letztlich doch ein Schlaganfall und kein harmloser Lagerungsschwindel gewesen ist, der statt eines HNO-Termins einen Rettungswagen gebraucht hätte.

Technisch ist heutzutage vieles möglich, wünschen würde ich mir noch mehr. In einer idealen Welt gäbe es auf allen Wachen Systemlösungen, die den Einsatzort direkt auf das Fahrzeugnavigationsgerät senden, sodass die optimale Strecke bereits feststeht, wenn die Besatzung in den Wagen steigt. In Notaufnahmen sollte ein *Anfahrtsmonitor* eingerichtet werden, auf welchem der Rettungswagen ab dem Zeitpunkt, da er den Patienten im Zielkrankenhaus angemeldet hat, mit einer Eintreffzeitprognose sichtbar ist. Notfallambulanzen könnten, insbesondere in Stoßzeiten, somit ihre Abläufe frühzeitig anpassen. Dies kann nicht nur Stress beim Personal verringern, auch Wartezeiten würden eventuell verkürzt. Ebenso sinnvoll fände ich es, wenn man bei Patienten mit vielen verschiedenen Verletzungen (Polytrauma, zum Beispiel nach schwerem Verkehrsunfall) oder solchen unter Reanimation die *Monitorüberwachung* in die Notfallambulanz live *„spiegeln"* könnte, sodass man sich dort schon vor Ankunft des Patienten auf dessen Zustand vorbereiten kann: Wie stabil ist der Blutdruck? Brauchen wir Blutkonserven? Was sagt die Sauerstoffsättigung? Müssen wir intubieren?

Ein solches System wäre auch bei überregionalen Intensivverlegungen von Vorteil, da spontane Verschlechterungen des Patienten nicht laufend via Telefon übermittelt werden müssten und Wartezeiten aufgrund von Dokumentationsarbeiten verringert würden. Denn eine *mobile Patientendatenerfassung* und der automatische Export an die Notfallambulanz sowie die Abrechnungsstelle sollten, wie bereits erwähnt, obligatorisch sein.

Und jetzt stellen Sie sich vor, dass alle beteiligten Stellen nicht nur vernetzt sind, sondern die digitalen Möglichkeiten auch aktiv nutzen: Die endlose Telefoniererei hätte ein Ende! Krankenhäuser könnten Anforderungen für Verlegungen und Transportbedarfe direkt in das System einpflegen. Die Aufträge erschienen als neuer Einsatz bei 112 FRD und würden sogleich bearbeitet. Sobald der Einsatzwagen losgeschickt wurde, würde die anfordernde Stelle über den aktuellen Status informiert werden, so, wie es bei jeder Amazon-Bestellung bereits Standard ist: Die Stationsschwester dürfte dann nicht mehr überrascht sein, wenn der Krankentransport auf dem Flur steht. Und der Patient wäre idealerweise nicht mehr im Schlafanzug, sondern bereits angezogen.

Nun kann man im hektischen Stationsalltag nicht unbedingt erwarten, dass die Krankenpfleger permanent den Status verschiedener interner wie externer Transporte am Monitor verfolgen. Hierfür könnte ich mir allerdings eine einfache Lösung vorstellen: eine *Smartwatch*. Pro Funktionsbereich erhält ein Verantwortlicher diese Dienstuhr, welche bei Übergabe an den Nächsten weitergegeben wird. So würden Rettungswagen, Notarzteinsatzfahrzeuge, Notaufnahmen und Stationen stets über den Patienten via Push-Mitteilungen (zum Beispiel Transport XY auf dem Weg) informiert. Eine praktische Umsetzung einer solchen Smartwatch-Lösung wäre meinen Recherchen zufolge durchaus möglich.

Ein weiteres Thema, für das ich mich starkmachen möchte und das in einem voll integrierten Einsatzleitsystem nicht fehlen darf, ist die *Ortung aller Fahrzeuge* innerhalb der Kommune sowie der angrenzenden Gebiete. Vereinzelt gibt es hier bereits Vorzeigeregionen, in denen benachbarte Rettungsdienstbereiche über *Flottenserver* verfügen und die Leitstelle sieht, welcher Rettungswagen – auch ‚fremde' – in der Nähe der Einsatzstelle ist. Bei einer Reanimation beispielsweise sollte es dann egal sein, zu wem der Rettungswagen gehört, der den Einsatz übernimmt: Hauptsache, der schnellste tut es. Bei anderen Meldebildern hingegen, wie einer Alkoholintoxikation, wäre es allerdings nicht fair, der kleinen Nachbarkommune einen von zwei Rettungswagen zu blocken, obwohl man selbst dreißig hat, nur weil deren RTW eine Minute eher am Einsatzort sein könnte. Es bedarf also einer genauen Definition, welche Notfälle eine grenzfreie Nutzung der Rettungsmittel erlauben.

Grundsätzlich wäre jedoch der flächendeckende Einsatz von Flottenservern und eine georeferenzierte, also standortbezogene, Alarmierung zu begrüßen, damit der nächste Rettungswagen kommt und nicht der zuständige. Würde man zudem in puncto Einsatzdisposition auf kommunale Gliederungen verzichten, sondern stattdessen die Anfahrtszeiten (Stichwort: Einhalten der Hilfsfrist) und die sich daraus ergebenden Einzugsgebiete als Grundlage nehmen, so würde sich die Notfallinfrastruktur schnell verändern.

Doch ich habe eine Auflösung der kommunalen Struktur bisher in meinen Überlegungen vermieden, denn deren praktische Umsetzung käme einer Herkulesaufgabe gleich. Nicht nur die organisatorischen, auch die emotionalen Widerstände wären (trotz aller Vorteile auf logischer Ebene) gigantisch, wie folgendes Beispiel verdeutlicht: Ich hatte mal eine Unterhaltung mit einem Gutachter, der im Rahmen seiner Einzugsgebietsanalyse zu dem Schluss kam, dass die freiwillige Feuerwehr X schneller an der Stadtteilgrenze war als Y, die sonst immer diesen Bereich versorgte. Nun lag in jenem Grenzstreifen ein größeres Industriegebiet, in dem es naturgemäß zu einem breiten Einsatzspektrum (wie Gefahrstoffaustritte, Brände et cetera) kam. Das Vermittlungsgespräch zwischen ihm, der Amtsleitung und den beiden Löschzugführern mündete in einer heißen Debatte, in der Sätze fielen wie: „Wir sind da aber schon immer hingefahren, außerdem ist das *unser* Stadtteil!" Daten und Fakten spielten in der Argumentation kaum eine Rolle.

Warum, fragte ich ihn, wurde die Neuordnung der Einsatzgebiete seitens der Amtsleitung nicht einfach durchgesetzt? Woraufhin er antwortete: „Nun ja, wenn der Amtsleiter das verfügt, geht Löschzugführer Y zu seinem Bezirksbürgermeister Y und beschwert sich: über die Unverschämtheit, dass X Stadtgebiet Y versorgt und dass folglich die Einsatzzahlen von Y sinken würden und zeitgleich die Motivation seiner Feuerwehrleute. Das kann der Bezirksbürgermeister Y nicht zulassen und begibt sich stante pede zum Oberbürgermeister, der seinerseits den Amtsleiter anweist, diese Entscheidung zurückzunehmen, weil er nämlich die Unterstützung vom Bezirksbürgermeister Y für die nächste Wahl braucht und an einem guten Verhältnis interessiert ist."

Auch wenn im Rettungsdienst solche Debatten nicht in gleichem Maße geführt werden, so ist das Grundprinzip doch ähnlich. Die kommunale kleinteilige Organisation mit ihrem Zuständigkeitsgerangel kann einer idealen Notfallrettung im Weg stehen.

Eine *bundeseinheitliche Regelung* grundlegender Faktoren wie zum Beispiel der verpflichtenden „Nächstes-Fahrzeug-Strategie" unabhängig von Gebietsgrenzen könnte dem klar entgegenwirken, da man schlichtweg den Diskussionsspielraum verkleinert.

Und schon kommen wir von der Digitalisierung zu den politischen Rahmenbedingungen und der Gesetzgebung.

STABILE RAHMENBEDINGUNGEN SCHAFFEN

Um Veränderungen durchzusetzen, braucht es Sicherheit: finanzielle Planbarkeit und rechtliche Rückendeckung. Denn wie soll ein Leistungserbringer moderne Ausrüstung beschaffen oder neue Arbeitskonzepte etablieren, wenn er nicht weiß, ob er den Versorgungsauftrag im nächsten Jahr überhaupt noch hat? Im Privatleben würde man ja auch kein Haus kaufen, wenn der Job unsicher ist und man alsbald in die nächste Stadt ziehen müsste, um Arbeit zu finden. Aber genauso ist es im Rettungswesen.

Wie bereits erwähnt, wird der *Bedarf an Rettungsmitteln* basierend auf den bedienten Notfalleinsätzen regelmäßig ermittelt. Dabei fließen auch wirtschaftliche Faktoren ein. Der Gesetzgeber sieht einen fünfjährigen Turnus vor, es kann aber auch in kürzeren Abständen geprüft werden, wenn eine nicht mehr bedarfsgerechte Vorhaltung vorzuliegen scheint. Einige Kommunen bewegen sich bereits in einem Zweijahresrhythmus. Das lähmt Innovation massiv. Denn es ist nicht nur möglich, dass ein Wettbewerber die Ausschreibung gewinnt, weil er günstiger ist. Es kann sogar entschieden werden, dass Rettungswagen oder gar eine ganze Rettungswache nicht mehr gebraucht und somit ersatzlos gestrichen werden. Schafft man unter solchen Bedingungen teure Technik an? Nein. So werden Umbauten oder Neuerungen teilweise über Jahre hinweg mit dem Argument, dass es diese Wache sowieso bald nicht mehr gibt, auf die lange Bank geschoben.

Nun kann man natürlich nicht fordern, dass unabhängig vom Einsatzaufkommen alle verfügbaren Rettungsmittel ständig in Bereitschaft sind. Vor allem, wenn wir uns im gleichen Atemzug wünschen, dass sich die Bagatelleinsätze reduzieren. Ein Herumstehen von Rettungswagen können wir uns nicht leisten, das so gebundene Kapital wäre an anderer Stelle besser eingesetzt.

Aber der Planungsunsicherheit aufgrund von ultraschnellen Ausschreibungszyklen sollte man aus meiner Sicht mit einer Art Bestandsschutz begegnen. Dieser kann es zuverlässigen Leistungserbringern ermöglichen, das Mandat zu behalten, sofern der Bedarf weiterhin besteht. Nachteil wäre der in diesem Fall fehlende Inflationsausgleich, den man bei Ausschreibungen normalerweise in der Preiskalkulation berücksichtigen kann. Dem könnte mit einer zuvor vereinbarten Kostensteigerungsdynamik begegnet werden. Die Leistungserbringer würden nun selbst entscheiden: Sie wählen Sicherheit mit einer festgesetzten Vergütung oder entscheiden sich für eine neue Ausschreibung mit dem Vorteil, mehr Spielraum in der Veranlagung der Kosten zu haben, aber eben auch mit dem Risiko, das Vergabeverfahren zu verlieren.

Ohne Zweifel birgt ein solches Modell einiges an Herausforderungen: Es muss sauber kalkuliert werden, braucht das Einverständnis aller Beteiligten und vor allem eine rechtliche Grundlage. Denn die Vergabeverordnung basiert auf einer entsprechenden EU-Richtlinie, zudem wird man sich mit dem

Gesetz gegen Wettbewerbsbeschränkungen auseinandersetzen müssen.

Dennoch sollte dieser Ansatz einmal gründlich überdacht werden, um einen Kompromiss zu finden zwischen den allzu kurzen Ausschreibeperioden, die der Dynamik der Einsatzzahlen Rechnung tragen sollen, und der Stabilität, die die Etablierung neuer Strukturen braucht.

Dabei würde ich nicht nur auf die Freiwilligkeit der Leistungserbringer setzen, um Innovationen voranzutreiben – ich plädiere auch für intelligente Maßnahmen, die landesweite Gültigkeit haben sollten.

Derzeit geben die Länder das Thema Rettungsdienst nahezu vollends an die Kommunen ab. Somit macht jede Region, was von den dortigen Entscheidungsträgern für richtig befunden wird oder was sich seit Jahren bewährt hat. Das führt dazu, dass sich Fahrgestelle, Kofferaufbauten, Ausstattungen und technische Möglichkeiten der Rettungswagen regional stark unterscheiden. So muss es aus meiner Sicht nicht sein. Im Gegenteil: Zumindest auf Landesebene sollte man durchsetzen, dass die Fahrzeugflotten vereinheitlicht werden. Warum?

Optisch homogene Einsatzfahrzeuge, wie wir sie von der Polizei kennen, haben einen verlässlichen Wiedererkennungswert und vermitteln der Bevölkerung institutionelle Seriosität – auch wenn im Rettungswesen, anders als bei der Polizei, verschiedene Organisationen dahinterstehen. Zudem ließen sich möglicherweise Beschaffungskosten durch gebündelte und somit größere Bestellvolumina senken.

Ein wichtiger Aspekt ist aus meiner Sicht auch die Erleichterung der Zusammenarbeit bei Einsätzen, für die Fahrzeuge aus mehreren Kommunen benötigt werden: zum Beispiel im Fall eines Serienunfalls (landläufig als Massenkarambolage bezeichnet) oder wenn überörtliche Hilfe im Rahmen einer Hochwasserkatastrophe geleistet wird. Sind alle Rettungsmittel in Bauweise und Ausstattung identisch, finden sich Rettungskräfte und Notärzte aus Kommune X im Rettungswagen der Kommune Y sofort zurecht, ohne dass Zeit für Suchen oder Einweisungen verschwendet werden muss. Jeder hätte von vornherein den notwendigen Kenntnisstand zum Bedienen der Geräte an Bord, was seitens der Verordnung über das Errichten, Betreiben und Anwenden von Medizinprodukten (MPBetreibV) gemeinhin auch vorgeschrieben ist.[40] So können alle Rettungsmittel und deren Besatzungen die von ihnen geforderten Aufgaben schnell und sicher erfüllen. Und Grenzen der Einsatzfähigkeit einzelner Fahrzeuge und Mitarbeiter würden entfallen, wie ich es in meiner Anfangszeit als FSJler oft erlebt habe. Da kam es nicht selten vor, dass einige KTW-Crews Verlegungen von Patienten mit Spritzenpumpe (darüber werden kontinuierlich Medikamente intravenös gegeben) nicht durchführen konnten, da die Besatzung mit der Funktionsweise und Bedienung des Geräts nicht vertraut war und somit im Fall einer Fehlfunktion nicht handlungsfähig gewesen wäre. Vollkommen korrekt aus meiner Sicht, denn die Sicherheit der Patienten geht vor. Doch bedeutet dies in der jetzigen uneinheitlichen Struktur des Rettungsdienstes, dass ein Sanitäter beim Wechsel in eine Kommune, die andere Medizinprodukte, Beatmungsgeräte oder Patientenmonitore verwendet, erst dann eingesetzt werden kann, wenn er eine Einweisung erhalten hat.

Noch ist ein Wechsel auf ein anderes System, sei es im Rahmen einer Vereinheitlichung oder nur für einen Einsatz, nicht so einfach möglich. Denn jeder Hersteller verwendet eigene Halterungssysteme. So kann das Beatmungsgerät aus dem Notarzteinsatzfahrzeug der Kommune X nicht spontan im RTW der Kommune Y zum Transport des damit versorgten Patienten genommen werden, weil keine entsprechende Halterung mit Stromanschluss vorhanden ist, um das Gerät zu laden und fachgerecht zu sichern. Das bringt unnötige Extraschleifen und Stress in den präklinischen Prozess. Gerade wenn man eine georeferenzierte Alarmierung und somit auch grenzüberschreitende Versorgung anstrebt, müssen solche Kompatibilitätshindernisse überwunden werden.

Außerdem sollten die auf Landesebene längst existierenden Standardarbeitsanweisungen endlich auch flächendeckend umgesetzt werden. Und zwar ohne regionale Extrawürste der ärztlichen Leiter hinsichtlich dessen, welche Medikamente Notfallsanitäter verabreichen dürfen.

„Warum gibt es diese Unterschiede überhaupt?", habe ich einen ärztlichen Leiter einmal gefragt. Seine Antwort: „Ich muss mich am schwächsten Glied orientieren."

Um das zu verstehen, muss man einen Blick in Paragraf 4 Absatz 2c NotSanG werfen: Dort steht als Ausbildungsziel für Notfallsanitäter, heilkundliche Maßnahmen (zum Beispiel Medikamentengaben) durchführen zu können, „(...) die vom Ärztlichen Leiter Rettungsdienst oder entsprechend verantwortlichen Ärztinnen oder Ärzten bei bestimmten notfallmedizinischen Zustandsbildern und -situationen standardmäßig vorgegeben, überprüft und verantwortet werden".

Nun kann man von einem ärztlichen Leiter nicht erwarten, dass er die fachliche Fitness jedes seiner Mitarbeiter stets im

Blick hat. Ergo überlässt er ihnen nur einfache Tätigkeiten für den Fall, dass einer oder eine zwei linke Hände und ein löchriges Gedächtnis hat. Schließlich will er sicherstellen, dass nichts schiefläuft. Verständlich. Aber wieso muss sich überhaupt jemand für einen ausgebildeten Notfallsanitäter verantworten?

Zumal es formal keinen Grund mehr gibt, Notfallsanitäter von heilkundlichen Maßnahmen auszuschließen. Denn im brandneuen Paragrafen 2a NotSanG ist festgelegt, dass ein Notfallsanitäter heilkundliche Maßnahmen durchführen darf, sofern er diese beherrscht und erlernt hat und „[...] die Maßnahmen jeweils erforderlich sind, um Lebensgefahr oder wesentliche Folgeschäden von der Patientin oder dem Patienten abzuwenden".

Aber was bedeutet das in der Praxis? Gibt es keine konkreten Anweisungen, die über dieses allgemeingültige Gesetz hinausgehen, muss der Notfallsanitäter im Einzelfall abwägen, was er tut. Oder besser lässt. Denn wer will schon Ärger riskieren, und sei es nur, weil der Patient mit den Nebenwirkungen oder der Art der Applikation nicht einverstanden ist. Ein Beispiel verdeutlicht die verzwickte Lage, in der wir uns aktuell befinden: Im Einzugsgebiet meiner Wache liegt eine Kletterhalle, wo es regelmäßig zu Stürzen mit klassischen Verletzungen wie einer Ausrenkung des Ellenbogengelenks kommt. Das ist sehr schmerzhaft, aber nicht unmittelbar lebensbedrohlich. Was nun?

Auf Nummer sicher gehen und den Patienten leiden lassen? Oder das Risiko in Kauf nehmen, eine Beschwerde oder gar einen Anwalt am Hals zu haben, weil ihm oder ihr das Schmerzmittel nicht geschmeckt hat?

Aus meiner Sicht wäre es wünschenswert, Routinen zu entwickeln, die dem Notfallsanitäter eine Arbeit ohne belastende Hintergedanken um mögliche Konsequenzen ermöglichen. Meine Vorstellung wäre, dass sich ein Gremium aus Ärzten und Notfallsanitätern auf Standardarbeitsanweisungen für Diagnostik und Therapie definierter Notfallbilder verständigt, welche verpflichtend gelehrt und angewandt werden müssen. Als Positivbeispiel sei hierfür das *gemeinsame Kompendium Rettungsdienst* genannt, welchem sich bereits 22 Rettungsdienstbereiche in NRW angeschlossen haben.

Im Rahmen der Aus- und Weiterbildung würde sichergestellt, dass alle Notfallsanitäter in der Lage sind, die Erkrankungsbilder korrekt zu erkennen und fachgerecht zu behandeln. Ist die Prüfung bestanden, muss sich niemand mehr für diesen Notfallsanitäter verantworten, außer er oder sie selbst.

Gibt es im Einsatz doch einmal ein Problem, gilt es, im Nachgang zu prüfen, worauf dies zurückzuführen ist: Hat der Notfallsanitäter das Krankheitsbild falsch eingeschätzt? Muss eventuell die Standardarbeitsanweisung verbessert werden? Wie alle Bereiche des Rettungswesens muss auch dieser in ein funktionierendes *Qualitätsmanagement* eingebunden sein: mit regelmäßigen Evaluationen und daraus resultierenden Verbesserungen.

Dazu gehören selbstverständlich auch Trainings und Weiterbildungen der Mitarbeiter. Vereinzelt findet dies bereits statt, aber auch hier muss man konstatieren, dass es an einem systematischen, einheitlichen Lehrplan fehlt.

Neben den Maßnahmen, welche auf die Kompetenzsteigerung der Rettungskräfte abzielen, können *Telenotarztsysteme* einen wertvollen Beitrag leisten, Unsicherheiten zu reduzieren. Dies ist in

Aachen bereits erfolgreich etabliert: Hier kann die RTW-Besatzung vor Ort via Headset mit dem Telenotarzt die Patientenversorgung besprechen.

Relevante Vitalparameter, wie Herzfrequenz, Blutdruck und Sauerstoffsättigung werden live vom mobilen Patientenmonitor an die Leitstelle übermittelt. Je nach vorliegendem Krankheitsbild geht der Arzt mit den Rettungskräften den entsprechenden Behandlungsalgorithmus Schritt für Schritt durch. Dabei übernehmen die Sanitäter vor Ort die Medikamentengabe und das Legen eines Zugangs. Durch das regelmäßige algorithmenbasierte Arbeiten werden die Retter im Standardvorgehen bei bestimmten Krankheitsbildern trainiert, was wiederum in Einsätzen mit einem Notarzteinsatzfahrzeug die Zusammenarbeit optimiert: Alle Beteiligten kennen die festgelegten Abläufe und jeder Handgriff sitzt.

Durch die Delegation der ärztlichen Maßnahmen wird in diesem Modell die rechtliche Unsicherheit vollends eliminiert. Besonders wertvoll erscheint mir diese Lösung, wenn man zu Patienten ohne ärztliche Begleitung geschickt wird, deren Zustand sich als kritischer herausstellt als ursprünglich angenommen.

Denn es gibt keine landeseinheitliche Verordnung, wann ein Notarzt zum Einsatz kommt. Es regt mich immer wieder auf, dass innerhalb eines Rettungsdienstbereichs *tagesabhängig* unterschiedliche Auffassungen darüber existieren, welche Rettungsmittel zu welchen Krankheitsbildern entsendet werden. Mal soll zu jedem Schlaganfall ein Notarzt alarmiert werden, tags darauf wird man zum gleichen Krankheitsbild ohne ärztliche Unterstützung geschickt. Für die Patienten kann es natürlich nichts Besseres geben, als wenn sich neben den Notfallsanitätern zudem

Notärzte um sie kümmern. Aber ist das wirklich notwendig?

Ein Notarzt, der in unserem Podcast zu Gast war, erzählte von seinem letzten Dienst: „Von neun Einsätzen wurde ich viermal vor Ort abbestellt und habe lediglich einen ins Krankenhaus begleitet. Und das auch nur, weil ich noch nicht fertig dokumentiert hatte."

Wie jede Ressource im Gesundheitswesen sollten Notärzte bewusst und nicht beliebig eingesetzt werden: und zwar für lebensbedrohliche Zustände oder komplexe Erkrankungsbilder. Welche genau dies sind, muss aus meiner Sicht ebenso wie die Standards für Rettungskräfte sauber definiert werden.

In der Folge könnte es mancherorts zu einem deutlichen Rückgang der Notarztstandorte kommen. Insbesondere, wenn Rettungskräfte zunehmend selbstständig arbeiten.

Dies dürfte, wie jeder meiner Vorschläge, bei irgendwem auf Widerstände treffen. Damit der Gegenwind aus allen Richtungen nicht zu einem Stillstand führt, braucht es *Kompromissbereitschaft* und einen großen *runden Tisch*, an dem alle Beteiligten gleichrangig zu Wort kommen können. Nur so kann verhindert werden, dass exklusive Absprachen über die Köpfe derer hinweg, die es betrifft, gemacht und innovative Ideen aus rein politischen Gründen verhindert werden.

RETTUNGSKRÄFTE SIND MENSCHEN, KEINE MASCHINEN

Die Reorganisation des Rettungswesens ist zwar wichtig, nützt aber nichts, wenn niemand mehr da ist, der den Job machen will. Die physischen und psychischen Belastungen der Sanitäter müssen reduziert und Bedingungen geschaffen werden, die den Beruf attraktiv machen. Und zwar nicht nur als Überbrückung bis zum Studium oder für maximal elf Jahre, sondern langfristig: auch mit Kindern und bis ins Rentenalter.

Die Frage ist: Wie kann das gelingen?

Da ich vielseitig interessiert bin, schaue ich gern nach rechts und links, wie es in anderen Branchen so läuft. Vielleicht kann man dort etwas lernen. Meine Affinität zur Luftfahrt führte mich zu einem Artikel, in dem über Fluglotsen berichtet wurde: „Der Job ist daher sehr anstrengend – denn Fluglotsen tragen eine große Verantwortung", heißt es da und weiter: „auch unter enormer Anstrengung müssen sie einen kühlen Kopf bewahren."[41]

Klingt wie aus einer Stellenbeschreibung im Rettungswesen: Finden Sie nicht auch?

Wir werden mit der Aufgabe betraut, Menschenleben und die körperliche Unversehrtheit zu schützen: Nur leider spiegelt sich diese Verantwortung nirgendwo wider. Nicht auf dem Lohnzettel und nicht in irgendwelchen Zusatzleistungen.

Im Gegensatz dazu bekommen Fluglotsen ein attraktives Gehalt und eine lebenslange Jobgarantie. Weiterhin ist deren Arbeitsalltag deutlich besser strukturiert und beinhaltet verlässliche Erholungsphasen: „Die Acht-Stunden-Schichten sind von Pausen durchzogen. Die maximale Arbeitszeit beträgt fünf Stunden und fünfundvierzig Minuten. Fluglotsen stehen nicht dauerhaft unter Stress, sondern Situationen mit An- und Entspannung wechseln sich ab."

Und so sieht es im Vergleich dazu im Rettungsdienst aus: „[...] ich arbeite bis zu 68 Stunden pro Woche, werde früh um vier oder nachts um elf angerufen, ob ich einspringen kann, habe bei einem Nacht-/Tagwechsel keine 24 Stunden frei, fahre den Patienten, welcher vor drei Tagen gestürzt ist und jetzt Schmerzen im Knie hat, in ein 40 Kilometer entferntes Krankenhaus, weil kein näher gelegenes aufnahmebereit ist. Regelmäßig ende ich auf dem Heimweg am Steuer im *Sekundenschlaf.* Das Schlimmste ist jedoch, dass durch die hohe Belastung die Empathie für den einzelnen Patienten immer öfter auf der Strecke bleibt."

Im Rettungsdienst rollt man oft einfach durch, ohne Pause! Das ist meines Erachtens schon fast fahrlässig: der Gesundheit der Retter, aber vor allem dem Wohlergehen der Patienten gegenüber. Es kann doch niemand wollen, dass eine Besatzung, die die ganze Nacht kein Auge zugetan hat und körperlich wie geistig erschöpft ist, zu seinem sich in Lebensgefahr befindenden Kind, Oma oder Papa kommt.

Um eine Diskussion über *Dienstzeiten* werden wir also langfristig nicht herumkommen. Auch wenn diese sicher hitzig geführt werden wird. Ich würde mir wünschen, dass man sich hierbei eher an *Daten und Fakten* orientiert und nicht an Traditionen.

Mit Nullachtfünfzehn-Lösungen wird man in dieser Debatte nicht weiterkommen, solide Kennzahlen (wie das Einsatzaufkommen) müssen in die Entwicklung intelligenter Ansätze einfließen. So kann beispielsweise ein Rettungswagen, der vielleicht zwei Einsätze auf einen vollen Tag fährt, weiterhin im 24-Stunden-System besetzt werden. In der Großstadt, wo von einem RTW bis zu 18 Einsätze in 24 Stunden geleistet werden, sollte hingegen die Möglichkeit bestehen, die Besatzung im 8-Stunden-Rhythmus zu wechseln. Hier würde ich sogar noch einen Schritt weiter gehen und eine 32-Stunden-Woche mit vier 8-Stunden-Diensten zu fordern, um der notwendigen Regeneration zwischen den Diensten Rechnung zu tragen. Die Alternative wäre in diesem Fall, einen zusätzlichen Rettungswagen einzusetzen, was allerdings sicher deutlich personal- und kostenintensiver wäre.

Ich persönlich bin ein Fan vom 4*8-Modell. Dabei gewinnt der Rettungsdienstler zusätzlich vier Tage pro Monat, an denen er während der allgemeinen Öffnungszeiten seine privaten Erledigungen wie zum Beispiel Zahnarztbesuche oder einen Termin beim Amt wahrnehmen kann. Durch die geringere Wochenbelastung könnte zudem möglicherweise auf die pauschal abgerechneten (und meist nicht realisierbaren) Pausenzeiten verzichtet werden, sodass sich das leidige Thema erledigt, wie man diese praktisch überhaupt umsetzen soll. In allen anderen Schichtmodellen sollte eine Regelung geschaffen werden, die den Abzug von Pausen, die nicht genommen werden konnten, sowie von pauschalen Bereitschaftszeiten untersagt.

Ich finde, dass das rücksichtslose „Verheizen" unserer Arbeitskraft aufhören muss. Insbesondere Neuankömmlinge bringen sich mit Enthusiasmus in den Job ein, was die Arbeitgeber gern annehmen oder gar ausnutzen. So werden von den jungen Kollegen viele Extra- und Nachtschichten übernommen, bis sie irgendwann ausbrennen. Und im schlimmsten Fall die Lust an der Arbeit verlieren. Denn bis auf eine unglaubliche Erschöpfung, körperliche Beschwerden und soziale Einschränkungen bekommt man für das überdurchschnittliche Engagement *nichts*. In der Konsequenz wandern gute und einstmals hoch motivierte Kollegen ab.

Die Folgekosten, die aus diesem auf Verschleiß fahrenden System resultieren, sind hoch: Rekrutierung und Ausbildung von neuem Nachwuchs, Krankmeldungen, Frühberentungen. Wäre es da nicht sinnvoll, in eine langfristige Bindung und gesunde Entwicklung der Mitarbeiter zu investieren?

Ich könnte mir vorstellen, die gesamte Arbeitsbelastung über die Dienstjahre hinweg aufzuteilen, ohne die Maximalbelastung zu überschreiten. In solch einem Modell könnten das Alter der Mitarbeiter und die damit einhergehenden Lebensumstände (zum Beispiel Familiengründung, Pflege von Angehörigen) berücksichtigt werden. Denn wenn ich mir meine Arbeitszeiten und die meiner Kollegen anschaue, bin ich tatsächlich ratlos, wie man so seinen Kindern gerecht werden soll. Und es kann ja nicht die Lösung sein, dass alle, die eine Familie gründen wollen, aufs Land ziehen müssen, weil es dort etwas ruhiger zugeht.

Stattdessen sollte über smarte Arbeitszeitmodelle nachgedacht werden: So könnten Berufseinsteiger mit einer 80-prozentigen Auslastung erst einmal an ihr Aufgabenprofil herangeführt werden. Nach zwei Jahren könnte man dann auf 100 Prozent gehen, ehe es in Fünfjahresintervallen zu erneuten Reduktionen der Arbeitszeit kommen könnte. Das Gehalt könnte dabei konstant gehalten werden, läge in Zeiten der Vollzeitbeschäftigung unter dem jetzigen Niveau, in der Teilzeitphase darüber. Voraussetzung für dieses Modell wäre natürlich, dass man sich auf eine definierte Zeit dazu verpflichtet, um den Stundenausgleich zu gewährleisten. Ab einer gewissen Altersgrenze könnte man den Mitarbeitern anbieten, bevorzugt auf dem Notarzteinsatzfahrzeug eingesetzt zu werden, da dies zum einen Erfahrung braucht und zum anderen weniger körperliche Belastung mit sich bringt.

Zudem sollten die älteren Kollegen seltener in Nacht- und Wochenenddienste eingebunden werden. Das könnte in der Anfangszeit vielleicht noch für Unmut sorgen, aber da die Spielregeln für alle gelten, sollte sich dieser schnell legen. Denn älter wird jeder von uns, und dann kann er oder sie sich darauf verlassen, ebenso in den Genuss dieser Privilegien zu kommen.

Mir ist bewusst, dass ich große Forderungen stelle. Und nicht alles ist im Sinne der maximalen Wirtschaftlichkeit. Aber wir sprechen hier von *Menschen*, die ihr Leben für das anderer einsetzen, die selbst in einer Pandemie zuverlässig für die Gesellschaft da sind, ihre eigenen Bedürfnisse wie Schlaf und Essen zurückstellen und in vielen Fällen sogar mit der eigenen physischen oder psychischen Gesundheit bezahlen. Ist es nicht unsere Pflicht als Gesellschaft, dass wir uns für das Wohl der Menschen, die in Notsituationen für uns sorgen, einsetzen? Ich finde: ja!

Wir können nicht zulassen, dass sich das Gesundheitswesen totspart. Seit Jahren dreht sich die Spirale um Wirtschaftlichkeit, die sich zunehmend zu einer Gewinnmaximierung entwickelt. Was zählt, sind Leistungen, die Geld bringen, Menschlichkeit gehört nicht dazu. Und so werden die Patienten zwar operiert, aber nicht gesund gepflegt: Dafür gibt es zum einen keinen Erlös, zum anderen kein Personal. Denn Krankenpfleger, Ärzte und auch wir Notfallsanitäter werden nicht als wertvoller Teil der Behandlung, sondern als größter Kostenfaktor gesehen.

Und der gehört abgebaut. Wenn er oder sie nicht längst selbst abgewandert ist.

Natürlich dürfen Versichertenbeiträge nicht verschwendet werden. Aber es ist ein Unterschied, ob ein medizinischer Leistungserbringer Rendite für ein börsennotiertes Unternehmen erwirtschaften muss und deshalb die Kosten drückt [42] oder ob man sparsam mit Ressourcen umgeht.

Fakt ist, dass die drei Faktoren Qualität, Zeit und Kosten eng miteinander verbunden sind. So ist der allgegenwärtige Wunsch, dass eine bestmögliche Qualität in kürzester Zeit zu einem geringen Preis erbracht wird, schlicht unmöglich. Entweder dauert es länger, es benötigt mehr Geld oder, und das befürchte ich, die Qualität leidet. Denn aktuell wird nur an den Stellschrauben Kosten und Zeit gedreht. Und zwar überall.

Kommen wir zurück zum Rettungswesen. Von 2011 bis 2019 sind die Ausgaben der gesetzlichen Krankenkassen für Fahrten mit einem Rettungswagen um 115 Prozent, die Gesamtkosten inklusive Flugrettung, Notarztwagen, Taxen/Mietwagen und sonstige Fahrten um 80 Prozent gestiegen. Das erscheint auf den ersten Blick vielleicht viel. Betrachtet man dies allerdings im Kontext der Gesamtausgaben, dann reden wir über einen Anteil für Fahrten mit einem Rettungswagen von zuletzt 1,19 Prozent.[43] Der Rettungsdienst ist also nicht der mächtigste Kostenfaktor. Muss man uns also immer weiter kranksparen?

Nicht nur ich frage mich, warum es sinnvolle Innovationen nur so langsam in den Rettungsdienst schaffen. Ein Ausbilder an einer Rettungsdienstschule zeigte sich mir gegenüber verwundert: „Ich kann kaum glauben, dass es nicht überall elektrische Tragen gibt. Wir nutzen die schon seit zehn Jahren." Diese modernen Tragensysteme fahren per Knopfdruck hoch und runter und ziehen sich selbstständig in den Rettungswagen hinein. Flächendeckend ist diese rückenschonende Technologie leider bis heute nicht angekommen. Dabei kann damit die Belastung der Wirbelsäule nachweislich reduziert werden. Ohne Unterstützung lasten bis zu 300 Tonnen pro Jahr auf den Rücken der Rettungskräfte. Das entspricht satten 50 Elefantenbullen! Diese Daten haben die Rettungsdienst-Kooperation in Schleswig-Holstein (die ich an dieser Stelle als Vorreiter nennen möchte) nach einem erfolgreichen Pilotprojekt in 2012 dazu bewegt, alle RTW-Neuanschaffungen mit elektrohydraulischen Tragen auszustatten.[44] Der Geschäftsführer hielt damals fest: „Bei teilweise zweistelligen Einsatzzahlen pro Schicht über zwölf oder 24 Stunden kommen nahezu 50 Hebe- und Senkvorgänge der Trage auf den Rücken der Mitarbeiter. [...] Unser Ziel ist die mittelfristige Umrüstung aller Fahrzeuge auf ein die Gesundheit schonendes Tragensystem. Wir betreiben aktiv ein Gesundheitsmanagementsystem im Unternehmen und möchten so zum Gesundheitsschutz unserer Mitarbeiter beitragen."[45]

Ich wünschte, alle Führungskräfte würden so denken. Zumal sich die Investitionen langfristig wahrscheinlich sogar rechnen würden, denn Knie- oder Rückenverletzungen beeinträchtigen nicht nur die Lebensqualität der Betroffenen, sondern ziehen auch Folgekosten durch Arbeitsausfälle, Rehabilitationsmaßnahmen oder Frühberentungen nach sich.

Aber nicht nur an neuen Tragesystemen wird gespart. Teilweise fahren wir mit zehn Jahre alten Rettungswagen und uraltem Equipment. Damit macht die Arbeit nicht nur keinen Spaß, sondern man fühlt sich auch nicht wertgeschätzt. Im Rettungsdienst einer Millionenstadt wurden bis Mitte 2018 noch Defibrillatoren aus dem Jahr 1992 eingesetzt. Das wesentlich bedienerfreundlichere Nachfolgemodell gab es bereits seit 2007. In einer Zeit, in der OLED-Displays, 4K- und 3-D-Technologie auf kleinsten Mobilgeräten längst zum privaten Alltag gehörten, konnten wir im Dienst unsere Messwerte in schwarzer Schrift auf grünem Bildschirm ablesen. Das ist, als würde man 2018 noch mit Windows 2.x aus dem Jahr 1987 arbeiten und dann nur deshalb auf Windows 11 wechseln, weil der Support ausgelaufen ist. Irre.

Warum es zu solchen Antiquitäten im Rettungswesen kommt, vermag ich nicht zu sagen: Vielleicht weil das alte Gerät ja noch funktioniert, ist ein solides Teil, darauf hat der Chef schon gelernt. Oder es liegt mal wieder am fehlenden Budget und den hohen Anschaffungskosten bei *geringer Verhandlungsmasse* aufgrund der Kleinteiligkeit des Rettungswesens. Eine Beschaffung auf Landesebene könnte hierfür eventuell eine Lösung darstellen. Zumindest aber wäre eine allgemeingültige Regelung sinnvoll, dass in festgelegten Intervallen geprüft wird, ob die eingesetzten Arbeitsmittel noch dem aktuellen Stand der Wissenschaft entsprechen. Und wenn nicht, müssen diese ersetzt werden. Vereinzelt tun Träger dies bereits, allerdings fehlt bislang eine einheitliche Umsetzung. Aber genau das ist es, was wir brauchen: verlässliche Strukturen, die ein angenehmes und sicheres Arbeiten ermöglichen.

Doch moderne Technik und eine saubere Organisation allein genügen nicht, um das aufzufangen, was uns im Dienst tagtäglich begegnet. Denn der Rettungsdienst ist kein Job wie jeder andere: Er hinterlässt Spuren, geht unter die Haut, bringt uns seelisch oft an unsere Grenzen. Dem muss endlich Rechnung getragen werden.

LASST UNS NICHT AUSBRENNEN

„Luis, als du sagtest, dass jeder jemanden kennt, der wegen psychischer Probleme den Rettungsdienst verlassen musste, da ist mir aufgefallen, dass ich dieser eine bin." Diese Nachricht erreichte mich über Instagram, nachdem ich dort behauptet hatte, dass jeder Rettungsdienstler mindestens einen Kollegen in seinem Umfeld hat, der aufgrund psychischer Probleme längere Zeit ausfiel oder gar den Beruf aufgeben musste. Häufig hört man dann Diagnosen wie *posttraumatische Belastungsstörung* oder auch *Burn-out*.

Krass ist, dass dies vermutlich nur die Spitze des Eisbergs ist. Denn viele empfinden psychische Symptome als peinliche Schwäche und verschweigen, was in ihnen vorgeht. Auch im 21. Jahrhundert ist die Stigmatisierung psychischer Erkrankungen noch tief in unserer Gesellschaft verwurzelt. Zum Glück wandelt sich das langsam. Und ich kann das nur unterstützen, denn nur so gewinnt das Thema endlich die Sichtbarkeit, die es verdient. Momentan ist es allerdings oft noch so, dass Ausfälle aufgrund psychischer Erkrankungen seitens der Arbeitgeber kaum wahrgenommen werden. Als sei das Privatsache. Einen Anlass, etwas im Berufsumfeld zu ändern, sehen die Verantwortlichen jedenfalls nicht.

Ich kann verstehen, dass die Betroffenen wütend darüber sind. Weil es offenbar niemanden interessiert, wie ihre Seele leidet. Sie kämpfen teilweise wochenlang, um wieder gesund zu werden, und finden bei ihrer Rückkehr die gleichen Zustände vor, die zu ihrem Burn-out geführt haben. Eine Kollegin schrieb mir: „Ich war drei Monate lang nicht arbeiten und habe letztens vor meinem ersten Dienst eine Panikattacke bekommen, weil ich nicht wusste, ob ich das schaffe."

Viele Kollegen kämpfen mit dem, was sie im Dienst erleben, ohne sich jemals in Behandlung zu begeben. Mir hat mal ein Rettungsdienstler erzählt, dass er täglich eine Dreiviertelstunde zur Arbeit und zurück pendelt und dass er diese Zeit auch braucht, um überhaupt wieder runterzukommen. Ein anderer erzählte mir: „Ich musste mir jetzt einfach mal eine Woche lang eine Auszeit nehmen, weil ich mich nicht in der Lage gefühlt habe, arbeiten zu gehen. Ich kann nicht mehr, ich fühle mich irgendwie so ausgebrannt."

Die Traurigkeit und Verzweiflung, die ich zwischen solchen Zeilen lese, bricht mir das Herz. Wenn ich mir den Referentenentwurf zur Reform der Notfallversorgung aus dem Jahr 2020 anschaue und lese, dass „die besonderen Bedürfnisse von bestimmten Patientengruppen, insbesondere [...] psychisch Erkrankten [...]" zu berücksichtigen sind, empfinde ich das als einen wichtigen Schritt. Psychische Themen müssen im Rettungswesen mehr Beachtung finden! Aber nicht nur bei den Patienten, die wir versorgen. Sondern auch bei den Rettenden.

Jeder Mensch ist einzigartig in seinen Stärken und in seinen Schwachpunkten. Das gilt für die körperliche Belastbarkeit ebenso wie für die psychische. Manch einer kennt seine Grenzen recht gut und könnte sich danach richten. Vorausgesetzt man wüsste, was ihn oder sie beim nächsten Einsatz erwartet. Denn im Rettungsdienst gibt es keine Triggerwarnungen wie im Kino. Man geht durch eine Tür und sieht Dinge, auf die man nicht vorbereitet ist. Situationen, die selbst einen psychisch gesunden Menschen aus der Bahn werfen können. Ich erinnere mich noch ganz genau an einen Einsatz, der den Titel „Person hängt" trug. Irgendwie hatte ich schon eine Ahnung, dass mich etwas

Schreckliches erwartete. Doch was ich sah, als ich am Einsatz-ort ankam, überstieg meine schlimmsten Fantasien. Es war wie im Horrorfilm: In einem düsteren, stickigen Wohnzimmer baumelte ein junger Mensch von der Decke. Wie eingefroren hing er da: mit offenen Augen und leicht zur Seite geneigtem Kopf. Wir konnten nur noch den Tod feststellen.

Seine Freundin hatte ihn gefunden, sie war vollkommen aufgelöst. Sie zitterte am ganzen Körper und konnte sich kaum auf den Beinen halten. Wir waren ebenfalls geschockt, mussten aber Ruhe und Sicherheit ausstrahlen, auch wenn unser Puls raste und der Magen rebellierte.

Sie können sicher nachvollziehen, dass solch eine Situation jeden an die Grenzen seiner psychischen Belastbarkeit bringen kann. Auch uns. Doch während Betroffene belastender Ereignisse wie Suizide oder Amokläufe viel Verständnis und professionelle Unterstützung erhalten, sollen Rettungskräfte alles kommentarlos ertragen. Schließlich gehöre dies zum Jobprofil. Das machen uns manche Kollegen, aber vor allem die Führungsebene deutlich, wie ein Notfallsanitäter auf Social Media kommentierte: „[...] Zum Thema Resilienz [individuelle Widerstandsfähigkeit gegenüber Stressoren] kommt es mir sogar so vor, dass von den Rettungsdienstleitern, Wachleitern, aber auch von ‚alten‘ Kollegen erwartet wird, dass man alle Widrigkeiten wegsteckt. So nach dem Motto: Wenn dir die Umstände nicht passen, dann bist du für den Job nicht geeignet. Ich bin ausgebildeter Notfallsanitäter, habe aber [...] aufgehört und fahre nur noch hin und wieder."

Selbst für die Sozialgerichte scheint es vollkommen normal zu sein, dass Rettungskräfte tote Menschen sehen. So wurde die Klage eines Rettungsdienstlers, seine posttraumatische Belastungsstörung als Berufserkrankung anzuerkennen, mehrfach abgewiesen. Die von ihm durchlebten Einsätze wie ein Amoklauf und zwei Suizide waren für die Gerichte wie auch die Unfallversicherung Bund und Bahn offenbar kein ausreichendes Argument. Es fehlten wohl medizinisch-wissenschaftliche Erkenntnisse, dass Rettungssanitäter ein erhöhtes Risiko für die Entwicklung einer PTBS trügen.[46] Meine Meinung: Dazu braucht es keine wissenschaftlichen Studien, das erkennt der gesunde Menschenverstand.

Wenn aber erst Daten und Fakten beweisen können, dass Rettungskräfte außergewöhnlichen psychischen Beanspruchungen ausgesetzt sind, dann sollte dies schnellstmöglich nachgeholt werden. Allerdings können wir nicht darauf warten, dass schwarz auf weiß bestätigt wird, wie schlimm es ist, einen Menschen sterben zu sehen. Aus meiner Sicht sollte im Nachgang von schwerwiegenden Meldebildern und besonders belastenden Einsätzen eine standardisierte Befragung der Besatzung erfolgen: ob sie zum Beispiel eine Auszeit oder psychologische Unterstützung benötigt. Insbesondere nach Kinderreanimationen sollten die Mitarbeiter regelhaft außer Dienst gehen. Zum eigenen Wohl und zu dem nachfolgender Patienten: Man stelle sich vor, eine Crew war gerade bei einer Hausgeburt mit Komplikationen. Das Neugeborene erfolglos reanimiert, die Familie, aber auch das Team im Ausnahmezustand. Leben und Tod so dicht beieinander zu sehen und dann weiterzuhetzen, vielleicht zu einem Teenager, der sich mit Alkopops abgeschossen hat und albern rumlallt, ist schlicht Wahnsinn. Kann man machen, ist jedoch weder für die Rettungskräfte noch für den betrunkenen

Jugendlichen (oder was auch immer der nächste Einsatz bringt) wünschenswert. Die Sanitäter wären möglicherweise nicht voll konzentriert, ihre Gedanken noch bei dem verstorbenen Kind, und so könnten Fehler passieren. Und sei es nur in der Art und Weise, wie sie mit dem nächsten Hilfebedürftigen umgingen.

Denn was man nicht vergessen darf: Die meisten Menschen, die einen Notruf wählen, sind selbst in großem emotionalen Aufruhr und verhalten sich nicht so wie unter Normalbedingungen. Umso wichtiger ist es, dass die Rettungskräfte dem stabilisierend entgegentreten. Nur, wie soll das gelingen, wenn ihnen keine Möglichkeit gegeben wird, für die eigene seelische Gesundheit zu sorgen?

Wir sind nicht stärker psychisch belastbar als die Allgemeinbevölkerung. Jeder von uns erlebt erschütternde Situationen unterschiedlich. Die eigene Biografie, gelernte Verhaltensmuster und die grundsätzliche Konstitution spielen dabei eine große Rolle. Ich erinnere mich an den Psychologen Dr. Peter Neudeck, der im Podcast auf meine Frage, wie man ein traumatisches Ereignis erkennt, erwiderte: „Woran machen Sie es fest?"

Genau das ist der Punkt. Mal abgesehen davon, dass es keine standardisierten psychometrischen Einstellungstests gibt, die besonders „nervenstarke" Kandidaten für den Rettungsdienst herausfiltern: Eine posttraumatische Belastungsstörung kann jederzeit jeden treffen!

Deshalb sollte das Signal eines Rettungsdienstlers „Mich hat hier etwas stark bewegt" ausreichen, um ein Psychotherapieangebot zu erhalten. Ein alleiniges Gespräch mit extra dafür geschulten Kollegen ist manchmal eben nicht ausreichend. Zudem ist nicht jeder bereit, seine Sorgen im Arbeitsumfeld offen auszusprechen. Selbst wenn es vertraulich behandelt wird. Niedrigschwellige Angebote in geschützten Räumen sind aus meiner Sicht für Gesundheitsberufe allgemein unerlässlich. Dafür sollten Kommunen Strukturen schaffen, die Rettungskräften und anderen Berufsgruppen wie beispielsweise Pflegekräften einen erleichterten Zugang ins therapeutische Netzwerk ermöglichen.

Dennoch fürchte ich, dass einige Kollegen keines der Angebote wahrnehmen, auch wenn sie es dringend nötig hätten – sei es aufgrund der leider immer noch allgegenwärtigen Tabuisierung oder weil man sich selbst keine Schwäche eingestehen möchte. Daher befürworte ich ein jährliches Gesundheitsscreening für alle Mitarbeiter. Neben der körperlichen Eignung könnte hier über Fragebögen das psychische Wohlbefinden erfasst und eine frühzeitige Intervention eingeleitet werden. Dabei muss klar kommuniziert werden, dass dies ein Akt der Fürsorge ist und keine Überwachung.

Sich um das gesundheitliche Wohl der Rettungskräfte zu kümmern fängt bei mir jedoch schon viel früher an: nämlich bei der Bewerbung auf einen Ausbildungsplatz! Prüft man die Aspiranten vor deren Einstellung auf Herz und Nieren, kann beiden Seiten viel Leid erspart werden: jenem Nachwuchs, der den Aufgaben letztlich nicht gewachsen sein wird und daran möglichweise zerbricht oder abbricht. Und dem Arbeitgeber, der wiederholt Zeit und Geld in Bewerbungs- und Ausbildungsprozesse stecken muss.

Bei einzelnen Trägergemeinschaften gibt es bereits körperliche Eignungsüberprüfungen, ähnlich wie bei den Berufsfeuerwehren. Psychometrische Tests hingegen habe ich noch nie gesehen. Dabei wäre ein Abfragen der Stressresistenz und allgemeinen Resilienz angesichts dessen, was uns im Alltag begegnet, unabdingbar.

In der Luftfahrt ist dies bereits gang und gäbe: Dort bekommen zukünftige Piloten oder Fluglotsen beim Einstellungstest 100 Fragen gestellt, und wenn die Antworten darauf nicht passen, wird man für diesen Beruf nicht zugelassen. Begründet wird das mit der großen Verantwortung des Personals. Aber ist die bei uns im Rettungswesen geringer? Trotzdem kann derzeit noch jeder Rettungs- oder Notfallsanitäter werden.

Das führt dazu, dass sich das Personal im Rettungswesen aus ganz unterschiedlichen Menschen zusammensetzt, jeder mit eigenen Ansichten und Werten. Dabei spielen Faktoren wie die grundsätzliche Motivation, diesen Beruf auszuüben, und das damit einhergehende persönliche Engagement, die individuelle Stressresistenz, die Art, miteinander umzugehen und wie man sich selbst und sein Arbeitsumfeld organisiert, eine große Rolle. Diese Vielfalt kann unter entsprechenden Bedingungen sehr inspirierend wirken. Sie kann aber auch dazu führen, dass einzelne Personen unter die Räder kommen. Oder dass es in der Zusammenarbeit wie Sand im Getriebe knirscht.

Daher sollte darauf geachtet werden, dass jeder Mitarbeiter ausreichend Raum hat, sich zu entwickeln. Und auch Teams wachsen nicht von allein zusammen.

RAUM FÜR INDIVIDUELLES UND GEMEINSCHAFTLICHES WACHSTUM

Die meisten Rettungskräfte sind gerade mal zwanzig, wenn sie in diesen Beruf starten. Viele beginnen im Freiwilligen Sozialen Jahr mit der Arbeit auf dem Rettungswagen. Wir reden also von sehr jungen Menschen, die meist nur das behütete Schulumfeld kennen. Und dann kommt der Sprung ins kalte Wasser!

Neue Eindrücke prasseln auf die Jugendlichen ein, oft bleibt keine Zeit zum Verarbeiten oder für Nachfragen. Knappe Anweisungen und der Druck, alles richtig machen zu wollen oder zu müssen, bestimmen den Alltag. Nicht jeder schafft es, unter diesen Bedingungen gesund zu wachsen: Falsche Verhaltensweisen werden übernommen und in neue Generationen weitergetragen. Doch nicht nur die Persönlichkeitsentwicklung kann Schaden nehmen, auch die Zusammenarbeit leidet, wenn die Bedürfnisse des Einzelnen nicht verstanden und berücksichtigt werden. Wenn keine Reflexion des eigenen Verhaltens erfolgt und eine klare und vor allem wertschätzende Kommunikationskultur herrscht. Leider liegt der Fokus im Rettungswesen immer noch auf der Vermittlung von Fachwissen. Die sogenannten *Soft Skills* finden bislang nur wenig Beachtung.

Wie wichtig diese jedoch sind, hat mir die Geschichte des Bundesliga-Schiedsrichters Deniz Aytekin verdeutlicht. Dieser berichtete in einem seiner Vorträge, dass es ihm an Akzeptanz und Anerkennung seitens der Feldspieler mangele. Er versuchte, diesem Problem mit noch härterem körperlichem Training und mehr Fachwissen zu begegnen: Aber außer dass er fitter und informierter war, brachte es ihm nichts. Erst der Austausch mit einem Kollegen, der in türkischen Süper Lig über Jahre hinweg erfolgreich Spiele geleitet hatte, brachte die Wende. Der fragte nur: „Hast du denn auch an deiner Persönlichkeitsentwicklung gearbeitet?"

Dies nahm Deniz Aytekin zum Anlass, sich selbst als Person wahrzunehmen, jemand, der interagiert und kommuniziert, der Signale sendet und empfängt. Ein paar Jahre später wurde er zu einem der besten und beliebtesten Schiedsrichter.

Nun, wie kann man diese Erfolgsgeschichte auf den Rettungsdienst anwenden? Ich möchte hier keineswegs predigen, dass jeder Notfallsanitäter gemäß Weiterbildungsordnung den Pfad der Selbsterkenntnis beschreiten muss. Aber wenn ich mir meinen eigenen Weg anschaue, dann bin ich rückblickend dankbar dafür, dass ich als FSJler einen Praxisanleiter hatte, der mir freundlich und bestimmt gesagt hat, wo es langgehen soll. Durch die langjährige Erfahrung konnte er seine Schützlinge gut einschätzen und ihnen spiegeln, woran sie persönlich arbeiten müssen. Bei mir war es meine Zurückhaltung. Ich war damals sehr unsicher und wusste bei meinen ersten Einsätzen nicht so recht, wohin mit mir. Nach meinem zweiten Dienst nahm er mich beiseite und sagte: „Herr Teichmann, das, was ich von Ihnen sehe, ist zu wenig. Wenn sie gut werden wollen, müssen sie sich mehr einbringen. Es liegt an Ihnen, ob Sie in der Kreisliga oder der Champions League spielen werden."

Für mich war das ein Aha-Erlebnis: Es wird mehr von mir erwartet. Und, viel wichtiger – man traut es mir zu! Ich musste es nur selbst in die Hand nehmen und mutiger sein. Bereits im nächsten Einsatz habe ich Dinge getan, die ich mir vorher nur gedacht hatte. Zusätzlich habe ich in meiner Freizeit das eine oder andere nachgelesen, um meine fachliche Weiterentwicklung voranzutreiben und an Sicherheit zu gewinnen.

Mir hat das freundlich zugewandte Feedback meines Lehrers viel gebracht. Auch wenn ich es im allerersten Moment als unangenehm und weniger als wertvoll empfand. Heute würde ich dafür plädieren, dass jeder Junior einen *Mentor* bekommt, der ihn oder sie in den ersten Berufsjahren begleitet. Dieser sollte für allgemeine und vertrauliche Fragen zur Verfügung stehen sowie Einsätze gemeinsam mit seinem Schützling analysieren und Entwicklungspotenziale aufzeigen.

Doch dieser Austausch untereinander sollte nicht beim Mentor-Mentee-Programm aufhören. Ich würde mir allgemein eine *Kommunikationskultur* wünschen, die reflektiert, lösungsorientiert, klar und freundlich ist. Zwar wird im Rettungswesen immer viel über das Crew Ressource Management und die Wichtigkeit einer guten Kommunikation im Team gesprochen. Aber umgesetzt wird dies oft nicht.

Statt Streitpunkte im Team offen anzusprechen, geschieht dies meist hinter vorgehaltener Hand – oder überhaupt nicht. Nur, wie sollen die betroffenen Personen ihr Verhalten ändern, wenn man ihnen dazu keine Chance gibt? Natürlich muss es erst gelernt werden, *Feedback* zu geben: Das ist nämlich etwas anderes, als den Kollegen einfach nur anzupampen oder gar bloßzustellen. Gleichzeitig ist es nicht leicht, Kritik anzunehmen, auch das muss zu Beginn moderiert werden. Konstruktives Miteinander zu gestalten ist nicht trivial, aber es lohnt sich. Schweigen und Lästern hingegen behindert die Weiterentwicklung des Teams, die Qualität der Arbeit und verpestet letztlich das Arbeitsklima.

Ein Ansatzpunkt wäre, dass man in Trainings Körpersprache,

Tonfall und Wortwahl in Beispielszenarien analysiert. Oft reicht ja ein Perspektivwechsel, um zu erkennen, dass es sich echt blöd anfühlt, angefahren zu werden, und dass ein vermeintlich cooler Spruch nicht immer gut ankommt. Gerade in Stresssituationen geht nicht selten jede Höflichkeit verloren. Dass es auch anders geht, hat mir ein Notarzt gezeigt, der bei einer Reanimation ausschließlich die Herzdruckmassage durchführte und von dieser Position aus die Gesamtsituation gut überblicken und leiten konnte. Da er „nur" reanimieren musste, hatte er weniger Stress und konnte alle anderen Aufgaben konzentriert und ruhig an seinen Fahrer und die Rettungswagenbesatzung verteilen. Während alle ihre To-dos abarbeiteten, blieb sogar noch Raum, die möglichen Ursachen des Kreislaufstillstands durchzusprechen. Optimal!

Was daran allerdings deutlich wird: Man braucht ein entsprechend qualifiziertes Team, das weiß, was es zu tun hat. Fachliche Kompetenz ist selbstverständlich die Basis für ein stressfreies Miteinander.

Geraten Kollegen trotzdem mal heftig aneinander, sollte dies aus meiner Sicht nicht einfach mit einer Floskel abgetan werden. Wird der Grund nicht thematisiert, steht möglicherweise immer etwas zwischen den Parteien, was ihre Zusammenarbeit nachhaltig beeinträchtigen könnte.

Ein Beispiel: Einmal hatte ich mich mit einem Leitstellendisponenten in der Wolle. Grund war, dass wir am Ende eines arbeitsreichen Dienstes unser Fahrzeug mit Medikamenten auffüllen wollten und uns deshalb abmeldeten. Aus Sicht des Disponenten war dies keine hinreichende Voraussetzung, um unseren Wagen auf „nicht einsatzbereit" zu setzen. Ich sah das anders.

Denn womit sollen wir die nächsten Patienten behandeln, wenn keine Medikamente an Bord sind?

Es kam zu einem Disput, bei dem ein Wort das andere gab, es waren nicht die nettesten.

So weit, so ungut. Nun muss ich gestehen, dass ich später nicht nochmals auf den Disponenten zugegangen bin, um zu verstehen, was da eigentlich los war. Er tat dies allerdings auch nicht.

Stattdessen habe ich dieses unschöne Erlebnis damals in einer Instagram-Story mit meiner Community geteilt. Am darauffolgenden Tag kontaktierte mich prompt der Vorgesetzte des Disponenten. Er war verständlicherweise nicht sonderlich erfreut darüber, dass ich diesen Vorfall öffentlich diskutierte, statt gemeinsam mit ihm nach Lösungen zu suchen.

Da muss ich ihm im Nachhinein zustimmen. Heute würde ich anders handeln. Aber wir sind alle nur Menschen und machen Fehler. Auf diesen gemeinsamen Nenner konnten wir uns einigen. Am Ende eines sehr konstruktiven Telefonats lud er mich sogar ein, in seiner Leitstelle zu hospitieren, damit ich mir ein Bild von der Arbeitsweise dort machen könne. Und ich muss sagen: Dieser Perspektivwechsel hat sich gelohnt!

Ich bekam hautnah mit, dass sich zu Schichtende etliche RTWs als „nicht einsatzbereit" melden. Ich war erstaunt, wie viele es waren.

Aber warum ist das so? Kurz vor Feierabend möchten die Besatzungen der RTWs ihren Arbeitsplatz für das nächste Team vorbereiten, sprich alles frisch desinfizieren und Medikamente nachfüllen. Ein durchaus lobenswertes Anliegen. Wenn allerdings alle gleichzeitig diese Idee haben, wird es eng mit den einsatzbereiten Fahrzeugen.

Und dass die Disponenten entsprechend genervt darauf reagieren, ist nur verständlich. Zumal sich dieses Spiel tagtäglich wiederholt und die Leitstelle ihre Uhr danach stellen kann. Ich fühlte mich fast ein wenig ertappt. Zu unserer Verteidigung muss ich allerdings hinzufügen, dass die Rettungsdienstler diesen Winkelzug nur machen, damit nicht ausnahmslos jeder Dienst in Überstunden endet. Man sieht, dieses Problem hat (wie die meisten) mehrere Seiten. Und nur gemeinsam kann man es lösen. Oder es zumindest versuchen.

Ein guter Anfang ist, über solche Reibungspunkte zu sprechen. Anderenfalls werden die Ursachen vieler Streitigkeiten bestehen bleiben. Allerdings muss ich einschränkend hinzufügen, dass nicht sicher ist, ob sich etwas ändert, selbst wenn man das Problem erkennt. Meist ist die einzige Option: *Augen zu und durch!* Denn es gibt nicht genug Personal für eine Pause zum Durchatmen, nicht genug Zeit, um in Ruhe über etwas nachzudenken, zu viel zu tun für ein klärendes Gespräch. Das kann natürlich zu Resignation führen, weil man sowieso nichts ändern kann.

Dennoch hilft es mir persönlich, den Blickwinkel meines Gegenübers einzunehmen, um in aufgeladener Atmosphäre entspannt zu bleiben. Stress gibt es in diesem Job zur Genüge, und zwar nicht nur bei uns, sondern auch bei den Menschen, mit denen wir an den Schnittstellen zusammenarbeiten.

Kommen wir noch einmal zurück zur Leitstelle und werfen dort einen Blick hinter die Kulissen: Eine Notrufleitstelle ist nachts mit nur einer Handvoll Mitarbeiter besetzt, tagsüber im unteren zweistelligen Bereich. Diese paar Leute müssen alle Notrufe annehmen und verarbeiten, manchmal kommen noch

Großveranstaltungen und Extremwetterereignisse dazu. Damit es zu keinem Stau in der Warteschleife kommt, bearbeitet der Disponent in Wahnsinnsgeschwindigkeit einen Anruf nach dem anderen. Zu den Notrufen kommt das Flottenmanagement: Vielleicht braucht das entsendete Rettungsmittel noch zusätzliche Informationen oder möchte eine Rückmeldung geben. Und so rotiert das Leitstellenpersonal um die eigene Achse, um allen Anforderungen gerecht zu werden. Hat man dies im Hinterkopf, kann man auf eine patzige Antwort auch mal relaxt reagieren. Dennoch sollte Stress keine Standardausrede für unangebrachte Kommentare sein, und zwar auf allen Seiten. Eine verbesserte Kommunikation allein reicht allerdings auch nicht aus, um ein gutes Arbeitsklima zu schaffen. Wenn wir Rettungskräfte auf der Wache keinen Schlaf finden, weil es viel zu laut ist, schlägt sich das prompt auf unserer Nervenkostüm und unsere soziale Leistungsfähigkeit nieder.

Man sieht, die Probleme im Gesundheitswesen pflanzen sich wie beim Dominoeffekt fort: Wackelt man an nur einem Stein, wird eine Kaskade von Folgeproblemen ausgelöst. Es gilt also, ein ganzheitliches Konzept zu entwickeln. Und dazu gehört auch die Ausstattung der Wachen.

IN CONTAINERN SCHLAFEN IST KEINE LÖSUNG

„Ich finde es schwierig, dass die wenige Zeit auf der Wache oftmals nicht adäquat zur Regeneration genutzt werden kann, weil Gebäude und Einrichtung veraltet sind: mit durchgelegenen Betten, kaputten Heizungen oder was uns sonst noch an Widrigkeiten erwartet", schrieb ein Follower auf Instagram.

Viele Rettungs- und Feuerwachen sind uralt und platzen aus allen Nähten. Warum? Weil man den steigenden Einsatzzahlen mit mehr Rettungswagen und Personal begegnet ist, die Ausstattung der Wachen jedoch nicht nachgezogen hat. Gemäß dem Motto: Einer geht noch rein!

Aber was bedeutet das konkret? Kommt ein RTW hinzu, braucht man einen Stellplatz inklusive entsprechender Ladeinfrastruktur. Das Personal will aber auch untergebracht werden: in einem, optimalerweise zwei, zusätzlichen Ruheräumen. Klingt nach einem umfangreicheren Umbau, oder? Leider wird an der Unterbringung nur zu gern gespart. Am besten, man denkt nicht drüber nach, sondern schafft einfach Tatsachen, mit denen die Wachen dann irgendwie klarkommen müssen.

Im Privatleben wäre so was einen Skandal wert: Stellen Sie sich vor, Sie sollten von heute auf morgen zwei zusätzliche Personen inklusive Auto in Ihrem Haushalt beherbergen, ohne dass irgendwer oder irgendwas auszieht. Unmöglich, finden Sie? Vielleicht vorübergehend, auf dem Klappbett, willigen Sie zähneknirschend ein? Auf jeden Fall steht fest, dass es für alle Beteiligten eng und ungemütlich wird: Herzlich Willkommen auf den Feuer- und Rettungswachen!

Hier findet man alle erdenklichen Übergangslösungen: Der Rettungswagen steht monatelang nicht überdacht irgendwo auf dem Innenhof, sodass man nachts im strömenden Regen zu seinem Fahrzeug joggen darf. Oder man überlegt sich, Container einzusetzen, welche als Provisorium gedacht sind, dann aber jahrzehntelang genutzt werden. So kann es passieren, dass ein Standardcontainer mit 6,06 Metern Länge und

2,44 Metern Breite Aufenthaltsraum für die Besatzungen von zwei Rettungswagen und einem Notarzteinsatzfahrzeug wird. Das habe ich selbst erlebt. Praktikanten eingerechnet quetschten sich somit neun Personen auf 14 Quadratmetern. Dass man unter solchen Bedingungen keine Ruhe zwischen den Einsätzen findet, ist auf den ersten Blick erkennbar. Ich habe mich dann immer in einen Schlafraum verzogen, denn ich konnte es in der Sardinenbüchse nicht lange aushalten. Das fand ich persönlich echt schade, denn ich unterhalte mich gern mit meinen Kollegen. Und auch bei denen verschlechterte sich die Stimmung zusehends: Wir fühlten uns einfach abgeschoben.

Verstärkt wird dieses Gefühl noch, wenn man in Kooperation mit der Feuerwehr arbeitet. Dort habe ich es nicht selten erlebt, dass der Rettungsdienst sich mit schlechten Notlösungen herumschlagen muss, die Feuerwehrleute nicht. Natürlich kann man das nicht verallgemeinern. Aber es passiert oft genug, dass man es wahrnimmt und sich irgendwann fragt: „Sind wir Retter zweiter Klasse?"

Diese Abwertung habe ich nicht nur in Bezug auf die Unterbringung erlebt, sondern auch beim Fuhrparkmanagement. In einem mir bekannten Rettungsdienstbereich wurde es lange Zeit so gehandhabt, dass Neufahrzeuge immer an die Berufsfeuerwehr gingen und wir dann die gebrauchten Wagen bekamen. Dies ist formal durchaus möglich, denn es gibt Ausschreibungsmodelle, bei denen die Hilfsorganisationen lediglich das Personal und gegebenenfalls eine Rettungswache stellen müssen, jedoch keine Fahrzeuge oder Ausstattung. Also fuhren wir secondhand. Spaß macht das nicht.

Auch die Lage der Rettungswachen ist meist eine Katastrophe.

Insbesondere in Großstädten befinden sich diese oft in Industriegebieten, an Bahngleisen mit intensivem Güterzugverkehr, an Schnellstraßen oder in Einflugschneisen. Also überall da, wo permanent eine Geräuschkulisse herrscht. Ich war mal auf einer Innenstadtwache eingesetzt, die im Erdgeschoss eines Wohnhausblocks lag. Somit waren unsere Ruhephasen stark vom Gemütszustand der Nachbarn abhängig: Verarbeiteten sie einen miesen Tag mit Heavy Metal, wurde eine Party geschmissen oder stand ein gemütlicher Fernsehabend auf dem Programm? Ungeheuerlich: Man verlangt von uns höchste Konzentrationsleistungen und steckt uns in Wachen, die Tag und Nacht beschallt werden. Dabei ist hinreichend bekannt, dass Lärmbelastung krank macht: Es kommt zu Schlafstörungen und einer verstärkten Ausschüttung von Stresshormonen, das Risiko für Herz-Kreislauf-Erkrankungen steigt signifikant.[47]

Ich würde mir wünschen, dass sich die Bedeutung des Rettungsdienstes für die Gesellschaft auch in den Wachen widerspiegelt und dass Meldungen wie „Rettungswache in Wohnwagen untergebracht" endgültig der Vergangenheit angehören.[48] Dass es auch anders geht, zeigt eine DRK-Rettungswache nahe Hameln, die als Fertighaus innerhalb von sechs Monaten fertiggestellt wurde. Neben einer optimalen Ausstattung für Personal und Fahrzeuge wurde dabei sogar auf Energieeffizienz geachtet und eine Fotovoltaikanlage installiert.[49] Das nenne ich eine zukunftsfähige Arbeitsstätte!

Große Konzerne wie beispielsweise Google haben den Wert eines hochwertigen Arbeitsplatzes längst erkannt und bieten ihren Mitarbeitern ein Umfeld, in dem sie gern verweilen. Überstunden fallen eben nicht so schwer, wenn man sich wie zu Hause fühlt.

Im Rettungswesen beobachtet man allerdings leider immer noch, dass geflickt und ausgebessert, statt in die Zukunft investiert wird. Ich vergleiche das gern mit alten Kopfsteinpflasterstraßen: Schnell und günstig wird das Geholper unter Asphalt versteckt. Doch irgendwann platzt die Teerdecke durch die Witterung und Belastung auf und es entstehen Schlaglöcher. Und was wird getan? Ausgebessert, jedes Jahr aufs Neue. Warum, frage ich mich immer, wenn ich über solche Flickenteppiche fahre, wird keine langfristige Lösung dafür gefunden? Liegt es in der Natur des Menschen, dass er nur in Zeitspannen denken kann, die seine eigene Lebenserwartung nicht übersteigen? Denn, um bei meinem Kopfsteinpflasterbeispiel zu bleiben, man kann doch davon ausgehen, dass die Stadt noch Hunderte Jahre stehen wird. Macht es da nicht Sinn, sich endlich vom Kopfsteinpflaster zu verabschieden und den Fahrbahnbelag gänzlich neu aufzusetzen? Nun bin ich kein Straßenbauer und auch kein Stadtplaner. Doch ich habe insgesamt zunehmend den Eindruck, dass viele Neuerungen oder Reparaturen auf eine Haltbarkeit von maximal zehn Jahren angelegt sind. Auch oder vor allem bei den Feuer- und Rettungswachen. Häufig wirkt es so, als würde man nicht erwarten, dass dieses Gebäude noch lange existiert, also behandelt man hier und da symptomatisch, wenn nicht palliativ.

Schade. Denn ich weiß, dass es vereinzelt Best-Practice-Modelle gibt: Während meines FSJs war ich auf einer Wache mit hochmodernen Räumlichkeiten und einer gut ausgestatteten Küche, sodass wir im Idealfall sogar gemeinsam kochen und zu Mittag essen konnten. Die Folge war, dass wir zu einer super Truppe zusammenwuchsen. Der krasse Gegensatz zu der

Containerunterbringung, die ich weiter oben beschrieben habe. Es macht also einen Unterschied, wo man sich begegnet (oder auch mal aus dem Weg gehen kann). Und dass ein gesunder Teamgeist für ein reibungsloses Arbeiten wichtig ist, steht außer Frage. Warum nur übersieht man diesen Aspekt konsequent? Vermutlich, weil er teuer ist. Nur: Was ist mehr wert als ein Menschenleben? Und die riskieren wir, wenn wir den Rettungsdienst nicht gesund halten.

Ein wenig hat sich tatsächlich bei der *Dienstkleidung* getan. Da kann man sich mittlerweile auf einen bundeseinheitlichen Standard verlassen: Jeder Mitarbeiter bekommt S3-Sicherheitsstiefel, eine reflektierende Schutzjacke sowie eine wasserabweisende, gepolsterte Hose mit Taschen. Und zwar in einer guten Qualität.

Das war nicht immer so. Bevor es die Vorgabe für ein bestimmtes Wäschesystem gab, trugen wir zum Teil sehr einfache Hosen ohne Kniepolster oder ausreichend Taschen. Ein smartes Leihwäschesystem, bei dem man nach dem Dienst die Klamotten in den Abwurf schmeißt und am nächsten Tag ein neues Set im Fach hat, gab es damals auch noch nicht. Wir wussten nie genau, wann und wo unsere gesäuberte Wäsche wiederauftauchte, und hatten wenig Lust, tagtäglich irgendwelche Klamottenstapel zu durchwühlen. Oder im dümmsten Fall ohne Dienstkleidung dazustehen. Also wuschen wir sie meist daheim.

Dann kam die offizielle Ansage, dass alle Rettungsdienstanbieter folgende Kleidungsstücke einzuführen hatten: wasserabweisende Hosen mit Polstern und Taschen, dazu Softshell- und Hardshell-Jacken, T-Shirts, Pullis, Sweatshirts und Polohemd zur freien Auswahl. Ein Paradies. Allein hätte kein Leistungserbringer diesen Schritt gewagt, aus Kostengründen. Nun, da es verpflichtend war, hatten alle in puncto Wäsche den gleichen finanziellen Aufwand und keiner in der nächsten Ausschreibung diesbezüglich einen Vor- beziehungsweise Nachteil. Hieran sieht man, dass einheitliche Regelungen, die die aktuellen Standards bedienen, ein immenses Verbesserungspotenzial haben.

Bei der Dienstkleidung gibt es also derzeit keinen Optimierungsbedarf. Sogar individuelle Schutzhelme bekommen wir gestellt. Glücklicherweise sind die Einsätze, in denen wir sie aufsetzen sollten, selten.

Noch unwahrscheinlicher als herumfliegende Ziegel oder berstende Fenster ist ein ernsthafter körperlicher Angriff. Und so benötigen wir keine stich- oder schusssicheren Westen, wie man sie von der Polizei kennt. Kommt es dennoch zu einer brenzligen Situation, sollten Rettungskräfte nicht zu körperlichen Mitteln greifen, um den Konflikt zu lösen. Da sind wir uns alle einig.

WENN HELFER HILFE BRAUCHEN

Situationen, in denen man zum persönlichen Schutz mehr als Signalfarben und reflektierende Streifen bräuchte, sind, verglichen mit der Gesamtzahl an Einsätzen, glücklicherweise selten.

Dennoch sollte aggressives Verhalten gegenüber Rettungskräften nicht kleingeredet werden, schließlich kann es jeden irgendwann einmal treffen. Denn Menschen, die den Rettungsdienst rufen, sind meist in einer emotionalen Ausnahmesituation und handeln nicht immer vernünftig, ruhig und überlegt. Darauf sollten die Rettungskräfte gut vorbereitet sein und Mechanismen parat haben, dem zu begegnen. Und damit meine ich kein Pfefferspray. Wenn wir bereits mit Gegenwehr im Gepäck ankommen, bringen wir gegebenenfalls nur noch mehr Aggressivität ins Spiel.

Wie wichtig es ist, in erster Linie die Nerven zu behalten und eine beruhigende Atmosphäre zu schaffen, möchte ich an einem eigenen Erlebnis verdeutlichen: Wir wurden zu einem Patienten mit einer kleineren Beinverletzung gerufen. Sowohl der Patient als auch weitere Anwesende waren alkoholisiert und die Stimmung war von vornherein recht aufgeladen. Mein Kollege, nicht besonders erfreut über die Gesamtsituation, heizte die Situation weiter an, indem er ungefiltert seine Meinung kundtat: „Nun stellen Sie sich mal nicht so an!"

Der Auszubildende und ich hingegen blieben ruhig und haben den Patienten, ohne auf sein Gemotze zu achten, fachgerecht behandelt. Das professionelle Setting, welches dadurch entstand, half meinem Kollegen, sich zu fangen. Im Anschluss an den Einsatz bedankte er sich für unser besonnenes Vorgehen: „Es war wirklich gut, dass ihr beide ein Ruhepol gewesen seid, sonst wäre die Situation wahrscheinlich eskaliert."

In unserem *Retterview*-Gespräch mit dem Psychologen Dr. Peter Neudeck erklärte uns dieser, dass man durch die eigenen offen gezeigten Emotionen sein Gegenüber bestätigen, aber auch zum Überprüfen seiner Reaktion bringen kann. Wenn der Auszubildende und ich in den Konflikt eingestiegen wären, hätte der Kollege sich in seinem Standpunkt unterstützt gefühlt und es wäre vermutlich zu einer Eskalation gekommen. So aber hatte der Kollege die Möglichkeit zu erkennen, dass wir die Situation anders einschätzen oder ihr zumindest anders begegnen.

Das bedeutet nicht, dass wir alle Beleidigungen schlucken

sollen. Aber manchmal hilft es, sich nochmals klarzumachen, dass Patienten und Angehörige enorm unter Stress stehen. Dazu kommen manchmal noch Alkohol oder andere Drogen. In solch einer explosiven Situation den eigenen Frust über den vielleicht sogar unnötigen Einsatz rauszulassen, ist selten hilfreich. Natürlich sind wir alle nur Menschen und unsere Haut ist nachts um drei besonders dünn. Umso wichtiger finde ich, dass wir darin geschult werden, mit Worten und dem richtigen Verhalten Ruhe und Sicherheit zu schaffen. Das Anlegen einer Schutzweste oder gar ein Kampfsporttraining würde hingegen vermutlich nur eine falsche Überlegenheit vermitteln und könnte den einen oder anderen Kollegen dazu verleiten, hart in den Konflikt zu gehen, anstatt ihn friedlich aufzulösen.

Dennoch kann es passieren, dass wir trotz guten Zuredens in körperliche Auseinandersetzungen geraten, wie folgendes Beispiel zeigt: „Hilflose Person auf Bahnsteig", lautete das Meldebild. Vorgefunden haben wir einen alkoholisierten Patienten, der weder gehfähig noch in der Lage zu stehen war. Von unserem Vorschlag, ihn in ein Krankenhaus zu bringen, war er wenig begeistert. Als wir ihn beim Aufstehen unterstützen wollten, begann er, um sich zu boxen und zu spucken. Also schlugen wir ihm vor, selbstständig ein paar Schritte zu laufen und uns somit zu überzeugen, dass eine Fahrt ins Krankenhaus nicht nötig sei. Was dann passierte: Er wankte geradewegs aufs Gleisbett zu, wir konnten einen Sturz in letzter Sekunde verhindern. Unser berufliches Ethos wie auch die Tatsache, dass hier eine Eigengefährdung bei deutlich verminderter Zurechnungsfähigkeit vorlag, ließen nur eine Handlungsoption zu: Dieser Mensch musste vor sich selbst geschützt und in eine Klinik gebracht werden.

Da der Patient immer noch nicht einsichtig war, entschieden wir uns dazu, ihn auf der Bank sitzen zu lassen, und riefen die Polizei zur Unterstützung. Zeitlich fiel unser Einsatz leider genau in die Ablösezeit, was bedeutet: Wenn es nicht um akute Gefahrenabwehr geht, kann es dauern. Also hieß es warten. Der Patient wurde zunehmend unruhig und forderte irgendwann, dass er aufstehen dürfe. Wir ließen uns unter der Bedingung darauf ein, dass er uns zum Rettungswagen begleitete.

Leider kam es nicht zum erhofften Happy End. Der Patient, zwei Köpfe größer und deutlich muskulöser als wir, stand auf, holte aus und – wenn mein Kollege den Kopf nicht rechtzeitig weggezogen und die Reaktionsgeschwindigkeit des Patienten nicht deutlich reduziert gewesen wäre, hätte der Schlag gesessen.

Jetzt war es an der Zeit, die Samthandschuhe auszuziehen. Mit Mühe zwängten wir den Wüterich auf den Boden und hielten ihn mit unserem Körpergewicht unten. Mit der freien Hand rief ich die Leitstelle an und forderte: „Entweder steht hier in einer Minute die Polizei oder du schickst uns ein Löschfahrzeug!"

„Warum das?", fragen Sie sich vielleicht. Keine Sorge, wir wollten den betrunkenen Mann nicht kalt abduschen. Auf einem Löschfahrzeug sitzen genug Leute, die anpacken können, und man kann sich sicher sein, dass die auch wirklich losfahren, wenn sie angefordert werden.

Es sollten jedoch noch weitere zehn Minuten verstreichen, in denen wir mit dem Patienten am Bahnhofboden lagen und nichts passierte, als letztlich mein Melder vibrierte: „Das Löschfahrzeug findet euch nicht, sagt mal, wo ihr seid." Da wusste ich wirklich nicht, ob ich lachen, weinen oder einfach nur schreien sollte.

Glücklicherweise kamen in diesem Moment auch schon die

Feuerwehrleute, weitere zwei Minuten später erschien sogar ein Streifenwagen. Die Bilanz dieses irren Einsatzes: ein zerrissener Kabelbinder, den die Polizisten unserem Patienten angelegt hatten, was dieser nicht lustig fand und ihn hulkmäßig ablegte, ein paar Schrammen und ein dummer Kommentar eines Passanten: „Na klar, alle gegen einen, gemeinsam seid ihr stark!"

Er bezog sich auf die Szene, in der die Feuerwehrleute zusammen mit der Polizei versuchten, dem Patienten Handschellen anzulegen. Am liebsten hätte ich ihm geantwortet, was ein Berliner Polizist einmal zu dem Thema auf TikTok kundtat: „Bei der Durchsetzung einer polizeilichen Maßnahme geht es nicht um Chancengleichheit. Das ist kein Boxkampf!"

Aber dazu hatte ich keine Energie mehr. Trotzdem finde ich es schade und schlichtweg unnütz, wenn Zuschauer laut oder leise solche Schlüsse ziehen, ohne den Kontext zu kennen. Gefährlich wird es, wenn so etwas in den sozialen Medien verbreitet wird und Nährboden für Hass und Hetze bietet.

Um die Geschichte abzuschließen: Der Patient kam in Polizeibegleitung ins Krankenhaus, danach verliert sich meine Kenntnis über seinen Verbleib. Ich jedoch wollte herausfinden, was bei dem Einsatz eigentlich schiefgelaufen war: Wieso mussten wir fast vierzig Minuten allein mit dem Patienten kämpfen?

Ein Anruf bei der Leitstelle brachte Klarheit: Der Bahnhof kann von zwei Seiten angefahren werden, wir wurden zur Rückseite geschickt. Als das Löschfahrzeug gerufen wurde, erhielten die Feuerwehrleute lediglich die Mitteilung, dass der Rettungsdienst an Bahnhof X Hilfe benötigt, und fuhren zum Eingang vorn. Das hätte besser laufen können, nein, müssen. Zum einen hätte der Disponent das Löschfahrzeug in unseren Einsatz einbuchen können, sodass die Feuerwehrleute alle Vorinformationen bekommen hätten. Zum anderen war der Titel „Hilfe für Rettungsdienst" irreführend, denn hiermit wird in der Regel eine Tragehilfe angefordert. Ein Zusatz wie beispielsweise „Angriff auf Rettungskräfte" hätte die Feuerwehrbesatzung darüber aufgeklärt, dass es tatsächlich zeitkritisch war. Aber das Drama geht ja noch weiter.

Der Disponent, welcher das Löschfahrzeug für uns gerufen hat, ist ab dem Zeitpunkt der Alarmierung raus aus dem Fall. Für alles, was danach mit diesem Einsatz passiert, ist ein anderer Disponent zuständig. Dieser hat die gleichen (unvollständigen) Infos vorliegen wie die Besatzung des Löschzugs. Als die Feuerwehrleute also vor dem Bahnhof ankamen und dort keinen RTW sahen, konnte er auf deren Frage, wo wir denn nun seien, nur antworten: „Hier steht, die sind in Bahnhof X. Ich sage denen mal, die sollen auf sich aufmerksam machen." Er hatte ja keine Ahnung, dass wir gerade auf einem Hundertkilomann lagen und nicht mal eben zum Winken in die Haupthalle kommen konnten. Allerdings hat sich dieser Mitarbeiter auch nicht die Mühe gemacht, unseren ursprünglichen Einsatz herauszusuchen. Glücklicherweise ist die Besatzung des Löschfahrzeugs von selbst auf den Gedanken gekommen, dass wir auf der Rückseite parken könnten, und hat sich auf die Suche begeben.

Alles in allem kann man feststellen: Schlechter hätte es nicht laufen können!

Wie man an diesem Beispiel schön erkennen kann, kommt man mit besonnenen Worten in manchen Situationen nicht weiter. Außerdem wird deutlich, was passiert, wenn die beteiligten Akteure nicht zuverlässig zusammenarbeiten. Und zu guter

Letzt: wie wichtig es ist, dass Informationen nicht verloren gehen!

Stellt sich die Frage, wie man dem begegnen kann? Zuallererst mag allein das Öffentlichmachen solcher Geschichten Disponenten, Polizisten und Feuerwehrleute dazu anregen, darüber nachzudenken und sich für eine Verbesserung der Prozesse einzusetzen.

Zudem räume ich dem Nachhaken, der Fehlersuche und dem Feedback, welches ich der Leitstelle gegeben habe, einen großen Stellenwert ein. Wie sonst sollen die Kollegen dort erfahren, dass etwas gründlich in die Hose gegangen ist?

In dem geschilderten Fall hat es in der betroffenen Leitstelle zu einer Regelung geführt, dass für Nachalarmierungen keine neuen Einsätze eröffnet werden, um so Informationsverluste zu vermeiden. Entschuldigt hat man sich übrigens auch! Welche Schlüsse die Polizei aus solch einem Desaster zieht, vermag ich nicht zu sagen, ich hoffe nur, dass es zu einem Überdenken interner Prozesse führt.

Technische Neuerungen hätten in diesem Fall ebenfalls geholfen: Mittlerweile können unsere RTWs geortet werden, sodass die Leitstelle sofort weiß, wo sich das Fahrzeug befindet. Praktisch. Das war damals noch nicht möglich und ist auch heute nicht überall der Fall. Melder mit einer *Notruftaste* sind für solch unübersichtliche Situationen ebenfalls günstig. Betätigt man den Alarmknopf, wird in der zuständigen Leitstelle automatisch ein Einsatz mit aktuellem Standort erzeugt. Die Dringlichkeit wird gleich mitkommuniziert und man muss nicht erst umständlich Handy oder Funkgerät raussuchen und erklären, was los ist und wo man sich befindet.

Fakt ist jedoch, dass solche Vorkommnisse nicht dazu verleiten dürfen, tätliche Übergriffe als das neue „normal" hinzunehmen und uns in Konsequenz mit Boxhandschuhen und Schlagstöcken auszurüsten. Denn wir sind für die Lebensrettung verantwortlich. Mir persönlich wäre es selbst bei diesem Haudrauf ordentlich gegen den Strich gegangen, deutlichere körperliche Maßnahmen zu ergreifen.

Stattdessen sollten wir darüber nachdenken, wie man Rettungskräfte und Polizei besser miteinander vernetzt. So wäre es möglicherweise eine Option, dass in kritischen Bezirken bei bestimmten Meldebildern die Polizei standardmäßig hinzugezogen wird.

Da dieser (präventive) Mehraufwand gezielt eingesetzt und gerechtfertigt sein muss, braucht es vor, während und nach solchen koordinierten Einsätzen eine umfassende Analyse. Erster Ansatzpunkt wäre aus meiner Sicht die noch gründlichere Erfassung tätlicher Übergriffe, denn die Dunkelziffer dürfte durchaus groß sein. Projekte wie das Meldesystem für Gewalt gegen Einsatzkräfte in NRW könnten hierfür die Daten liefern.[50] Denkbar wäre, dass darauf basierend genaue Risikoeinschätzungen und Prognosemodelle entwickelt würden.

Wie Sie sehen, finden sich überall Stellschrauben, an denen man drehen könnte, um den Rettungsdienst zukunftsfähig zu machen. Mir geht es jedenfalls so: Je länger ich darüber nachdenke, desto mehr Ideen kommen mir, was man verbessern könnte. Wenn es jedoch nicht allein bei Gedankenexperimenten bleiben soll, muss man anfangen, laut darüber zu sprechen: Untereinander und mit den Entscheidungsträgern. Wir als Gesellschaft müssen dem Rettungsdienst die Bedeutung beimessen, die er verdient. Aber dazu muss er erst ins Bewusstsein jedes Einzelnen kommen: Der Rettungsdienst braucht eine Stimme und einen Platz in der öffentlichen Wahrnehmung!

SICHTBARKEIT ERHÖHEN

Bevor ich zur Visibilität des Rettungswesens im Internet, in Zeitung und TV komme, möchte ich über die Sichtbarkeit auf der Straße sprechen.

Fakt ist: Einsatzfahrten beinhalten ein erhöhtes Unfallrisiko. Dafür brauche ich nicht einmal schlaue Statistiken zurate ziehen. Man schaue sich einfach mal große Kreuzungen in der Rushhour an und stelle sich vor, wie es wäre, entgegen der Ampelschaltung darüber zu brausen: Hals- und Beinbruch!

Ein Blick auf Youtube bestätigt: ob der RTW nun vorsichtig oder schnell fährt, es gibt immer einen Autofahrer, der träumt oder es schlicht nicht wahrnimmt. Sei es, weil die Musik zu laut ist, die Kinder auf der Rückbank schreien oder man mit den Gedanken schon beim Abendessen ist. Zudem werden die Autos immer besser gegen Umgebungsgeräusche isoliert.

Mir passiert es selbst häufig, dass ich ein Martinshorn zwar höre, aber nicht herausfinden kann, woher das Fahrzeug kommt, bis es zu spät ist. Vor allem in Großstädten kann der Schall an hohen Häusern reflektiert werden, teilweise wird er von Höhen und Senken partiell geschluckt, sodass der Autofahrer schwer orten kann, wo sich die Schallquelle befindet.

Somit bleibt nur die *visuelle Warnmöglichkeit* mit Signalfarben und Lichtern. Und was hat sich die Regierung dazu Feines überlegt? Im Jahr 2021 verabschiedete das von der CDU geführte Verkehrsministerium eine Begrenzung von Blaulicht an Einsatzfahrzeugen, um einer „Übersignalisierung" vorzubeugen. Angeblich würden Verkehrsteilnehmer durch zu viele Warnlichter verunsichert.

Good to know: Das Blaulicht ist blau, weil man im Krieg den Anforderungen des Luftschutzes durch Verdunkelung gerecht werden musste. Blaues Licht hat eine hohe Streuung in der Atmosphäre und ist deshalb aus großen Höhen nicht mehr erkennbar.

Nun sollen wir also auch am Boden unsichtbar sein. Schnell zur Stelle: ja, aber bitte diskret und ohne irgendjemanden in seinem beschaulichen Alltag zu stören. Auch auf Veranstaltungen habe ich oft den Eindruck, nicht wirklich gern gesehen zu sein. Als wären wir Sinnbild dafür, dass jederzeit etwas Schlimmes passieren könne. Auf die Idee, unsere Anwesenheit mit Sicherheit zu verbinden, kommen die Veranstalter offenbar nicht.

Das soll nicht heißen, dass ich mir einen großen Auftritt nach amerikanischem Vorbild wünsche. Dort könnte man tatsächlich von Übersignalisierung sprechen. Auch finde ich, dass nicht jede Fahrt Sondersignale (sprich Blaulicht und Martinshorn) braucht. Wenn nachweislich keine Dringlichkeit vorliegt, muss man weder die Besatzung noch die Umgebung in einen Alarmzustand versetzen. Die New Yorker Feuerwehr arbeitet übrigens bereits nach einem solchen meldungsabhängigen Anfahrtsverhalten. Das heißt, bei unkritischen Einsätzen wird auf das volle Licht- und Soundprogramm verzichtet.

Nun möchte ich nicht übermäßig in diese leidige Blaulicht-diskussion einsteigen. Was mich, und ich denke viele andere Kollegen ebenso, an diesem Gesetz stört ist, dass man dem Rettungsdienst seit Jahren Reformen schuldig bleibt. Dann beschäftigt sich die Regierung endlich mit uns – und stürzt sich als Erstes auf das Blaulicht.

In einem System, das seit Jahren unter Sparzwängen und inakzeptablen Arbeitsbedingungen leidet, klingt das schon fast wie ein schlechter Witz.

Wenn man sich schon mit dem Thema Sichtbarkeit für Einsatzfahrzeuge beschäftigt, warum dann nicht mit innovativen Ideen wie *Warnsystemen in Kraftfahrzeugen?*

Multimedia und Entertainment-Ausstattung, Massagesitze und Einparkhilfe: Es wird vieles getan, um das Fahrerlebnis angenehm zu gestalten. Auch in puncto Sicherheit gibt es intelligente Lösungen wie den Totwinkelassistenten. Wieso nicht auch Einsatzfahrzeuge auf dem Infotainment-Display ankündigen?

Utopisch ist diese Vorstellung nicht, versicherte mir ein IT-Unternehmen, in dem man sich mit so etwas auskennt. Grundsätzlich, so die Experten, sollte es kein Problem sein, sämtliche Kraftfahrzeuge in einem definierten Radius über sich nähernde Rettungswagen zu informieren. Dies würde durch eine Kommunikation zwischen den Fahrzeugen realisiert und im Navigationssystem angezeigt werden. So wüssten die Fahrer, wie viele Einsatzwagen aus welcher Richtung kommen, und könnten ihr Fahrverhalten vorausschauend anpassen.

Ich finde es schade, dass solch smarte Lösungsmöglichkeiten nicht voll ausgeschöpft werden und dass das Verkehrsministerium lediglich am Blaulicht schraubt, ohne moderne Konzepte anzusprechen, die unsere Sichtbarkeit erhöhen.

Irgendwie kommt da das Gefühl auf, dass uns niemand wirklich auf dem Schirm hat. Oder wann haben Sie das letzte Mal einen Clip oder ein Plakat zum Thema Rettungsdienst gesehen? Die Bevölkerung wird über sexuell übertragbare Erkrankungen, die Arbeit des technischen Hilfswerks und sozialer Organisationen, über das relaxte Leben mit Zigaretten und die neuesten Biersorten informiert. Den Rettungsdienst hingegen sucht man vergebens in der bunten Werbewelt. Dass Sie mich nicht falsch verstehen: Ich wünsche mir für die Rettungs- und Notfallsanitäter keinen plumpen Ruhm über TV-Präsenz und Retten soll auch kein cooler Trend werden. Aber eine erhöhte Sensibilität der Bevölkerung für das, was wir tun, kann etwas bewirken. Das hat die Kampagne zum Thema *Rettungsgasse* gezeigt: Die Bürger wurden daran erinnert, im Stau an die Seite zu fahren. Viele haben es verinnerlicht und sind mit gutem Beispiel (und Aufklärungsaufkleber am Heck) vorangegangen, was wiederum einen Folgeeffekt bei weiteren Fahrern auslöst, und schon kommen wir deutlich besser an die Unfallstelle als vor der Kampagne.

Was ich mir wünsche, ist eine stärkere Öffentlichkeitsarbeit im Rettungswesen, und zwar bundesweit. Ausreichend Themen hätten wir und einige gute Ideen wurden bereits umgesetzt. So hat die Berliner Feuerwehr vor einigen Jahren darüber aufgeklärt, wofür man den Notruf wählen sollte. Unter dem Slogan „Wenn's drauf ankommt: 112" wurde auf Werbeflächen und in den sozialen Medien für eine bewusstere Nutzung des Rettungsdienstes geworben.[51] Tolle Aktion, super gemacht: Leider nur für eine Stadt.

Und auch hier stolpern wir wieder über die Regionalität und Kleinteiligkeit des Rettungswesens. Es reicht nicht, wenn nur eine Kommune für Rettungsgassen wirbt. Es braucht koordinierte Aktionen mit großer Reichweite, um nachhaltig etwas zu bewegen.

Die Bundeswehr wirbt beispielsweise auf Social Media und im TV mit attraktiven Berufsbildern, um neue Rekruten zu gewinnen. Auch auf diesen Kanälen könnte der Rettungsdienst aktiver werden. Zwar gibt es vereinzelt TV-Formate, in denen Rettungskräfte bei ihrer Arbeit gefilmt werden. Das bietet immerhin interessante Einblicke. Für eine Ausbildung zum Notfallsanitäter wird in NRW allerdings recht oldschool auf Plakaten geworben. Diese Form der Werbung bleibt aus meiner Sicht ziemlich auf Distanz und erreicht junge Leute vermutlich nicht so direkt und emotional, wie *Social Media* es könnte.

Und dort sind längst nicht mehr nur einige wenige hippe Jugendliche oder die, die es sein wollen, unterwegs. In Deutschland sind 66 Millionen Menschen in den sozialen Netzwerken aktiv. Durchschnittlich werden anderthalb Stunden pro Tag dort verbracht.[52] Trotzdem tut der Rettungsdienst sich von offizieller Seite schwer, auf Plattformen wie Instagram, Facebook oder TikTok mitzumischen.

Warum das so ist, kann ich nicht beantworten.

Vielleicht hat man Angst vor *negativen* Kommentaren oder gar einem Shitstorm, denn im Rettungswesen gibt es immer jemanden, der es besser weiß. Und dies lässt sich im Internet besonders einfach, schnell und laut kundtun. In einer Profession, bei der die eigene Weste stets blütenrein sein soll, ist das problematisch.

Dennoch: Der Rettungsdienst müsste aus meiner Sicht online stärker präsent sein. Sonst werden ihm nicht nur Unterstützer entgehen, sondern vor allem Bewerber. In der heutigen

Zeit informieren sich junge Menschen im Internet über ihren potenziellen Arbeitgeber. Hat er einen zeitgemäßen, zugewandten und nahbaren Netzauftritt oder ist die Webseite dauerhaft *under construction*? Das überträgt man als Außenstehender auf die allgemeine Dynamik und Innovationskraft des Unternehmens. Es ist ein bisschen wie beim Bewerbungsgespräch, nur dass in diesem Fall anders herum der Arbeitgeber nach seinem Onlineerscheinungsbild beurteilt wird.

Ich selbst halte es ebenfalls so: Wenn ich mich für ein Unternehmen interessiere oder eine Anfrage für eine Zusammenarbeit bekomme, schaue ich mir zunächst den Webauftritt inklusive des Social-Media-Profils an. Das ist die moderne Visitenkarte, aus der sich allerdings viel mehr ablesen lässt als nur die Kontaktdaten. Wer sich ein wenig in die Materie einarbeitet, wird aus der Gestaltung der jeweiligen Onlineauftritte mehr lesen können, als dort geschrieben steht. Ich jedenfalls wurde von meinen ersten Eindrücken, die ich im Netz sammeln konnte, selten getäuscht.

Es ist also von enormer Wichtigkeit, dass nicht irgendwer irgendwie irgendwas postet: Für diesen Job sollten innerhalb der eigenen Organisation Mitarbeiter gesucht werden, die souverän und vor allem *authentisch* über ihren Berufsalltag und die damit verbundenen positiven Erlebnisse, aber auch über Sorgen und Ängste berichten.

Große Unternehmen schätzen den direkten Kontakt zu ihren Kunden über Social Media schon lange und nutzen sogenannte *Influencer*, um ihre Produkte zu bewerben. Auch Behörden wie die Polizei haben den Wert von erfolgreichen Social-Media-Akteuren erkannt und lassen sie gern aus dem Dienstalltag berichten (wie Ruhrpott_polizistin für die Polizei NRW, annes.vlog für die Polizei Brandenburg, polizei.hannover.ak für die Polizei Niedersachsen). Denn durch das hohe Maß an Authentizität fühlen sich die Follower emotional verbunden, auch wenn sie den Influencer nicht persönlich kennen. Und so können junge Leute für einen Beruf bei Polizei, Feuerwehr oder eben auch dem Rettungsdienst begeistert werden, andere fühlen sich animiert, unsere Arbeit zu unterstützen.

Ich wurde zum Beispiel gefragt, für welche Organisation ich arbeite und ob man dort Fördermitglied werden könne. Auch bekomme ich sehr viele Nachrichten von Followern, die sich aufgrund meines Kanals für eine Ausbildung zum Notfallsanitäter beworben haben.

Und das trotz der Kritik, die ich an den Arbeitsbedingungen äußere. Möglicherweise ist aber genau dies der Erfolgsfaktor: Denn offen über Probleme zu sprechen, erhöht die allgemeine Glaubwürdigkeit.

Wenn ich mir beispielsweise das Profil eines *Rettfluencers* ansehe, auf dem alles immer Friede, Freude, Eierkuchen ist, dann werde ich sofort skeptisch, schließlich funktioniert das echte Leben nicht so. Recherchiere ich die dahinterstehende Organisation, frage ich mich automatisch, ob der kritische Diskurs dort nicht gefördert wird oder gar unerwünscht ist. Denn was für die potenziellen Bewerber wertvolle Insights sind, ist für die Führungsebene im Rettungswesen oftmals nur schwer zu ertragen. Ich persönlich kann nicht verstehen, wie man im 21. Jahrhundert immer noch getreu dem Motto „Keine Kritik ist die beste Kritik" handeln kann. Wie sonst sollen sich Unternehmen weiterentwickeln, wenn man die Basis nicht hört? Gleichzeitig erhöht es die Mitarbeiterzufriedenheit, wenn ihre Anliegen ernst genommen werden. Allerdings muss nicht jede Kritik und nicht jedes Thema in der breiten Öffentlichkeit gezeigt und diskutiert werden. Auch kann der interne Humor von Außenstehenden als zu schwarz oder gar pietätlos empfunden werden. Daher sollten bei aller Authentizität gewisse Grenzen eingehalten werden.

Ich selbst mache tagtäglich die Gratwanderung: Niemanden vorzuführen und trotzdem Missstände anzusprechen, den Humor nicht verlieren, aber nicht albern werden. Das ist nicht trivial. Aber offenbar gelingt es mir öfter, als ich selbst denke. Es macht mich stolz, dass meine Follower den Rettungsdienst trotz der schlechten Schulnoten, die ich ihm manchmal gebe, als tollen Beruf wahrnehmen und ich junge Menschen dafür begeistern kann. Gleichzeitig motiviert es mich, noch härter dafür zu kämpfen, dass diese zukünftigen Kollegen nach ihrer Ausbildung auch einen attraktiven Arbeitsplatz vorfinden.

Und auch hierbei kann Social Media mit seiner gewaltigen Reichweite helfen. Denn an den Endgeräten sitzen auch Entscheider, die man über eine Konfrontation mit der Lebenswirklichkeit der Retter zum Nachdenken anregen kann. Aus meiner Sicht fast noch wichtiger sind jedoch all die Menschen, die den Rettungsdienst endlich wahrnehmen. Die ihr Verhalten uns gegenüber hinterfragen und im besten Fall ändern. Aus meiner Erfahrung eignen sich dazu insbesondere Szenen, die den alltäglichen Wahnsinn überspitzt darstellen.

„Nur, beeinflusst deine Social-Media-Präsenz nicht deine Arbeit? Und was sagen deine Kollegen und die Patienten dazu?", werde ich des Öfteren gefragt.

Das ist gar kein Problem, kann ich Ihnen versichern. Im Gegenteil, meine Kollegen sind meine größten Ideengeber. Nicht selten berichten sie mir von skurrilen Erlebnissen, damit ich diese in einem Video verarbeiten kann. Und ohne meinen Kollegen Sebastian wäre ich nie auf TikTok gelandet. Er hat mich erst dafür begeistert.

Im Dienstalltag spielen meine Onlineaktivitäten überhaupt keine Rolle, da bin ich ein Rettungssanitäter wie jeder andere. Ich vermeide es sogar, darüber zu reden. Trotzdem kommt es vor, dass mich der eine oder andere Kollege scherzhaft mit „Da ist ja unser TikTok-Star!" begrüßt. Ansonsten fahre ich meine Einsätze ohne Sonnenbrille oder hochgeschlagenen Kragen. Ich werde sowieso relativ selten erkannt, denn wir werden ja überwiegend zu älteren Patienten gerufen, die mit TikTok und Instagram nicht viel anfangen können. Von jungen Patienten bekomme ich im Nachgang an einen Einsatz manchmal eine Nachricht, wenn sie mich dann doch zuordnen können. Das ist sehr nett. Aber ansonsten hat meine Social-Media-Präsenz keinen (negativen) Einfluss auf meine Arbeit (ich hoffe, meine Kollegen bestätigen das :D).

Neben meinen amüsanten Videos und dem Ansprechen von Missständen bringe ich auch gern Inhalte, die einen *Lerneffekt* haben. Beispielsweise habe ich in einem Spot erklärt, wie man einen Schlaganfall erkennt. Ich spreche hier von keiner aufwendigen Diagnostik, es handelt sich um einen einfachen Test, der in den USA bereits in den Schulen gelehrt wird.

Damit Sie es sich konkreter vorstellen können (und vielleicht sogar etwas lernen), möchte ich diesen sogenannten BE FAST-Test an dieser Stelle kurz erklären. Zum Hintergrund: Bei einem Schlaganfall werden gewisse Areale im Gehirn nicht mehr durchblutet. Das führt dazu, dass ab einer kurzen Frist von nur drei bis fünf Minuten mit jeder weiteren Sekunde Gehirnzellen absterben. Deshalb gilt: Man sollte mit dem Erkennen eines Schlaganfalls und der medizinischen Versorgung *schnell sein*. Auf Englisch: BE FAST! Dieses Akronym vermittelt somit die Dinglichkeit wie auch die Merkmale, welche auf einen Schlaganfall hinweisen können:

Balance – Gleichgewicht: Besteht plötzlich eine Fallneigung zu einer bestimmten Seite oder gibt es Probleme mit dem Gleichgewicht?

Eyes – Augen: Sieht man auf einmal verschwommen oder beklagt vollständigen Sehverlust auf einem Auge?

Face – Gesicht: Hängt ein Mundwinkel? Um dies besser zu erkennen, bittet man die betroffene Person, breit zu grinsen.

Arm – Arm: Sind Lähmungen neu aufgetreten oder bemerkt man einen Kraftverlust auf einer Körperhälfte? Kann zum Beispiel ein Arm nicht mehr hochgehoben werden oder ist deutlich schwächer als der andere?

Speech – Sprache: Spricht der Patient verschwommen oder kann sich gar nicht mehr äußern?

Time – Zeit: Ist einer der aufgeführten Punkte auffällig, dann heißt es: Nicht zögern und den Rettungsdienst alarmieren!

Natürlich gibt es verschiedene andere Erkrankungen, die ähnlich in Erscheinung treten können, wie zum Beispiel ein Migräneanfall. Aber mir ist es lieber, wir werden bei diesem kritischen Krankheitsbild einmal mehr zu einem „falsch positiven" Fall gerufen, als einen Patienten zu übersehen.

Wie fanden Sie diesen kurzen Ausflug in die präklinische Einschätzung eines neurologischen Notfalls: interessant? Hilfreich? Spannend? Mit solchen Inhalten könnte der Rettungsdienst als *Kompetenzträger* in Erscheinung treten, zudem würde die Bevölkerung von dem vermittelten Wissen profitieren.

Aber nicht nur gut gemachte Spots können Aha-Momente hervorrufen, aufklären und für den Rettungsdienst begeistern. Auch Projekte in Schulen, die die Arbeit des Rettungsdienstes zum Thema haben, könnten für ein besseres Verständnis sorgen und für das Berufsbild werben.

Die einzige Kampagne, die mir in diesem Zusammenhang aktuell bekannt ist, ist der *Crash-Kurs NRW*. Hier kommt ein Team aus Polizei, Feuerwehr, Rettungsdienst und ärztlichem Personal in nordrheinwestfälische Schulen und erzählt von dramatischen Verkehrsunfällen, um vor Alkohol am Steuer und temporeichem Fahrverhalten zu warnen. Eine sinnvolle Aktion. Aber bei Weitem nicht genug. Der Rettungsdienst muss in seiner wertvollen Funktion für alle präsent werden, nur so gelingt es, ihm den Platz in der Gesellschaft einzuräumen, den er nicht nur verdient, sondern dringend für seine Arbeit braucht.

MEHR MITEINANDER

Große Fragezeichen bezüglich dessen, was der Rettungsdienst tut und kann, finden sich überall. Sogar bei angrenzenden Professionen wie beispielsweise dem Personal der Notaufnahmen. Hier kommt es wiederkehrend zu Konflikten, die meines Erachtens darauf beruhen, dass man sich einfach nicht hinreichend kennt.

Nur, wie kann man das gegenseitige Verständnis und damit die Zusammenarbeit verbessern? Vielleicht über einen Rollentausch. Dass das funktioniert, habe ich bei meinem Leitstellen-Crashkurs erfahren können.

Ein Notfallsanitäter muss im Rahmen seiner Berufsausbildung ohnehin Praktika im Krankenhaus ableisten. Wie wäre es, wenn die Krankenpfleger auch mal zu uns auf den Rettungswagen kämen? Ich würde mir wünschen, dass vor allem das Personal der Notaufnahmen einen Einblick in die Arbeitsweisen des Rettungsdienstes erhält. Viele Missverständnisse und Vorurteile könnten so abgebaut werden. Zudem würde man sich persönlich kennenlernen und aus dem traditionellen Gegeneinander könnte ein Miteinander werden.

Vielleicht entscheidet sich sogar der ein oder andere Krankenpfleger für die Qualifikation zum Rettungssanitäter. Das Krankenhaus- und Rettungswachenpraktikum wäre bereits durch die Tätigkeit in einer Notaufnahme abgeleistet. Natürlich will ich den Notaufnahmen kein Personal abziehen, aber es bietet jenen, die für den Rettungsdienst wie gemacht sind, zumindest eine Chance, diesen einmal unverbindlich zu beschnuppern. Genauso wie es heute schon Rettungsdienstler gibt, die ins Krankenhaus wechseln, weil ihnen die Arbeit dort besser liegt.

Auch seitens der Polizei würde ich mir einen intensiveren Austausch wünschen. Zwar gibt es hier kaum Reibungspunkte, was das gegenseitige Kritisieren anbelangt. Dennoch täte es beiden Seiten gut, voneinander zu lernen, wie unser Bahnhofsbeispiel zeigt.

An dieser Stelle sei die vorbildliche Zusammenarbeit mit den Kollegen der Berufsfeuerwehr genannt. Durch deren Ausbildung und Tätigkeit im Rettungsdienst besteht ein solides Verständnis für die Arbeitsweise des Gegenübers und so kann Hand in Hand miteinander gearbeitet werden, beispielsweise bei Reanimationen oder schwer verletzten Patienten.

Es bringt mich jedoch regelmäßig an meine Toleranzgrenze, wenn ich das Verhalten der Allgemeinbevölkerung uns und unserer Arbeit gegenüber betrachte. Dabei möchte ich nicht alle Menschen über einen Kamm scheren, und ich bin mir sicher, dass sich nur wenige Leser dieses Buches in meiner Darstellung wiederfinden werden. Denn sie haben ja bereits etwas bewiesen: dass Sie sich für den Rettungsdienst interessieren. Und zwar nicht nur aus purer *Sensationslust*.

Der einzige Moment, in dem wir die volle Aufmerksamkeit unserer Umgebung genießen, ist bei der Versorgung von Patienten. Wobei von genießen im eigentlichen Sinne nicht die Rede sein kann. Wer findet es schon toll, bei der Arbeit begafft oder gar gefilmt zu werden? Ganz zu schweigen davon, dass man mit dem Patienten leidet, der hilflos auf der Trage liegt und wie ein Artefakt im Museum bestaunt wird. Ich kann mich noch sehr gut an eine Situation erinnern, als ein Mann auf der Treppe zur U-Bahn gestürzt war. Während wir den Patienten vor Ort versorgten, blickte ich kurz nach oben – und konnte nicht fassen, was ich dort sah. Der komplette U-Bahn-Einstieg war von Passanten eingenommen worden, die auf uns herabglotzten und die Show genossen. Auch bei größeren Einsätzen auf Autobahnen erlebt man es häufig, dass der Verkehr auf der Gegenfahrbahn extrem langsam wird, weil die vorbeifahrenden Autofahrer ihre Neugier befriedigen müssen. Dabei steht Gaffen und Filmen an Unfallstellen unter Strafe – wegen der Behinderung der Rettungskräfte und zum Schutz der hilflosen Opfer. Aber dafür haben viele Menschen kein Bewusstsein. Die Kampagne der Johanniter Unfallhilfe „Gaffen tötet" soll dies ändern. Mit übergroßen QR-Codes auf Rettungswägen wird für Diskretion bei Rettungseinsätzen geworben.[53]

Weggeschaut wird momentan nämlich leider nur dann, wenn man selbst gefragt ist. Und sei es nur bei Kleinigkeiten, wie jemanden an der Supermarktkasse vorzulassen. Je nach Dienstplanmodell ist es oft unumgänglich, dass die Rettungsdienstler sich unterwegs etwas zu essen besorgen. Dabei sind sie immer auf dem Sprung, denn die Einsatzmelder können jederzeit losgehen. Im Grunde liegt das ja auf der Hand. Dennoch werden wir selten bis nie an der Kasse, beim Bäcker oder Imbiss vorgelassen. Ich frage mich dann oft, während ich mir die Beine in den Bauch stehe und zunehmend unruhiger werde: Ist es so schwer, mal etwas Nettes für andere zu tun?

Ich kann mich noch gut an einen Bäckereibesuch erinnern, bei dem ein Kunde vor uns die halbe Auslage leer kaufte: Noch zwei Mohn und drei Mehrkorn, es nahm kein Ende. Als er dann endlich fertig war, gingen unsere Melder. Mit knurrendem Magen zogen wir ab, im Nacken leicht schuldbewusste Blicke. Offenbar sprang der moralische Kompass doch in letzter Sekunde an: leider zu spät.

Ich persönlich empfinde es als starkes Zeichen, wenn man jemandem in Uniform für seinen Dienst dankt, indem man ihn an der Kasse kurz vorlässt, denn es zeigt uns: „Ihr seid nicht unsichtbar. Wir als Gesellschaft bemerken und brauchen euch!" Leider passiert das nur allzu selten.

Dass es auch anders geht, zeigen folgende Beispiele: Während der Hochwasserkatastrophe in Nordrhein-Westfalen im Jahr 2021 brachte eine Pizzakette unaufgefordert zehn Pizzen auf die Rettungswache. Auch kann ich mich erinnern, dass wir uns in einem Kebabladen mal zwei Dosen Cola kaufen wollten und der Inhaber sagte: „Die schenke ich euch, danke für euren Dienst!"

Vielleicht würde es in der Bevölkerung zu einem Umdenken kommen, wenn jeder dazu verpflichtet würde, einen Dienst an der Gesellschaft auszuüben. Manche Berufsbilder *muss* es einfach geben. Wer bringt sonst den Opa bei einem Herzinfarkt ins Krankenhaus? Wohin mit einem gebrochenen Bein? Und was passiert, wenn der Schuppen brennt? Nicht jeder kann sich vorstellen, Feuerwehrmann zu werden, viele können kein Blut sehen. Aus meiner Sicht sollten all jene, die von diesen systemrelevanten Berufen profitieren, ohne sie selbst auszuüben, ein bisschen Respekt und Dankbarkeit den Menschen gegenüber zeigen, die diese Jobs freiwillig tun.

Denn wenn sich keiner dafür findet, kann Folgendes passieren: Hat die freiwillige Feuerwehr zu wenig Personal, dann werden beispielsweise in Bayern die Bewohner der betroffenen Gemeinde nach Artikel 13 BayFwG zum Dienst verdonnert. *Pflichtfeuerwehr* nennt sich das. Dort mitwirken zu müssen würde sicher den wenigsten gefallen. Und ich wette, dass dieselben Leute, die heute noch wegschauen, wenn wir mit Leuchtjacke hinter ihnen in der Schlange stehen, ihre Meinung ganz schnell änderten, wenn sie in Feuerwehrjacke nicht vorgelassen würden.

Von wem ich ebenfalls mehr öffentliche Wertschätzung erwarte, sind die Politiker. In einigen Bundesländern wie zum Beispiel in Hessen gibt es Auszeichnungen für ehrenamtliches Personal, aber wie steht es mit den hauptamtlichen Rettern? Sind unsere Leistungen weniger wert, nur weil wir dafür bezahlt werden?

Bei der Bundeswehr sind offizielle Danksagungen im Namen der Bundesrepublik Deutschland gang und gäbe. Dies sollte aus meiner Sicht auch für den Rettungsdienst etabliert werden. Ich stelle mir da jährliche Veranstaltungen vor, bei denen Rettungskräften die Anerkennung seitens der Politik ausgesprochen wird: für besondere Leistungen oder einfach dafür, dass sie zuverlässig ihren Dienst an der Gesellschaft tun.

Alternativ oder additiv könnten lebensrettende Maßnahmen an Kindern und Jugendlichen besonders gewürdigt werden. Im Jahr 2019 wurden dem deutschen Reanimationsregister 229 Fälle, die jünger als 18 Jahre waren, gemeldet.[54] Es dürfte also keinen bürokratischen Kraftakt darstellen, den daran beteiligten Rettungskräften in einem Brief zu danken und in diesem Zuge vielleicht sogar auf psychologische Hilfsangebote hinzuweisen. Der Aufwand wäre sicher überschaubar, der Effekt gigantisch. Denn eine Kinderreanimation geht an keinem spurlos vorüber. Umso wichtiger erscheint es mir, dass der Staat repräsentativ für die Gesellschaft den außergewöhnlichen Einsatz wertschätzt.

WOFÜR **MEIN HERZ** SCHLÄGT

Nach all dem Meckern und Aufdecken von Missständen im Rettungswesen mag man kaum glauben, dass mein Herz für diesen Beruf schlägt. Ich selbst sehe meine Kritik allerdings als Beweis meiner Liebe zum Rettungsdienst, denn ich wünsche mir für ihn gesunde Strukturen, sodass alle, die dort arbeiten, es heute und in Zukunft gerne tun.

Ich bin nun seit sieben Jahren im Rettungswesen tätig und würde es immer wieder tun. Irgendwann wird der Tag kommen, da ich keine Einsätze mehr fahre, doch ich werde mich immer als Teil dieser besonderen Community fühlen: Menschen, die jeden Tag und jede Nacht rausgehen, um andere Menschen zu retten. Das schweißt zusammen. Das wunderbare Gefühl, wenn man gemeinsam ein Leben bewahrt hat. Die Anspannung und Konzentration während des Einsatzes. Die Erleichterung, wenn man den Patienten lebend und stabil an die Kollegen im Krankenhaus übergeben konnte. Danach hat man kurzzeitig das Gefühl zu schweben.

Manchmal kommt dieser Glücksmoment erst später, wenn wir nach einem Scheißjob von den Patienten gespiegelt bekommen, wie wertvoll unser Einsatz für sie war. Im Gedächtnis geblieben ist mir eine Geschichte, als wir zu einem älteren Ehepaar alarmiert wurden. Das Haus lag in einer gutbürgerlichen Ecke, der Vorgarten gepflegt, im Flur kein Staubkorn.

Der Ehemann hatte uns gerufen, denn seine Frau war in der Toilette zusammengebrochen. Was war passiert? Ein Magen-Darm-Virus hatte die Dame erwischt und sie verlor dadurch viel Flüssigkeit. Dementsprechend mau war ihr Blutdruck und sie hatte es nicht ganz bis auf die Klobrille geschafft. Den Rest können Sie sich denken. Wir stabilisierten den Kreislauf mit Medikamenten und halfen der Frau aus ihrer misslichen Lage. Dieser war das Ganze unendlich peinlich. Vor allem, dass ihr dabei geholfen werden musste, sich zu säubern. Auf dem Weg ins Krankenhaus beteuerte sie unter Tränen, wie leid ihr das alles täte. Mein Kollege drückte ihr nur beschwichtigend die Hand und erwiderte darauf: „Sie müssen sich für nichts entschuldigen und schon gar nicht schämen!" Man konnte die Erleichterung bei diesen Worten in ihrem blassen Gesicht deutlich ablesen.

Etwa vier Wochen später kam auf der Wache eine Flasche Wein mit einer lieben Karte an, in der sich das Ehepaar für unseren Einsatz bedankte. Was für eine nette Überraschung. Damit hatten wir nicht gerechnet. Denn für uns war es selbstverständlich, was wir geleistet hatten. Dass es für andere etwas Besonderes war und wir mit ein paar netten Worten, mit Würde und einem Putzlappen dieser Frau an ihrem persönlichen Tiefpunkt helfen konnten, war ein wunderbares Gefühl. Dabei geht es mir nicht um den monetären Aufwand für die (sehr gute) Flasche Wein, sondern vielmehr die Geste, in der ein aufrichtiges „Danke!" steckte. Das tut wirklich gut! Nicht dass wir ständig Schulterklopfer bräuchten, die uns in unserer Arbeit bestätigen. Aber wenn man die Rückmeldung bekommt, jemandem geholfen zu haben (und dabei kommt es nicht auf die Schwere der Erkrankung an oder darauf, wie hart wir kämpfen mussten), dann löst das bei mir ein großes Wohlbehagen aus und ich denke: „Gern geschehen!"

An dieser Stelle möchte ich auch betonen, *dass wir kein Trinkgeld erwarten*. Viele Patienten entschuldigen sich, dass sie uns nichts zustecken können. Ich erwidere dann: „Wenn Sie uns etwas Gutes tun möchten, dann rufen Sie, sobald Sie wieder gesund sind, bei den Johannitern (oder für welche Hilfsorganisation man gerade fährt) an und äußern Sie dort Ihre Zufriedenheit."

Denn meist kommen ja nur die Klagen bei uns und unseren Chefs an. Wenn dann mal ein Lob durchrieselt, freut das alle auf der Wache! Und diese Glücksmomente brauchen wir. Denn nur allzu oft werden wir mit den dunkelsten Seiten unseres Daseins konfrontiert und damit, wie zerbrechlich das Leben ist.

Ich kann mich an eine Samstagnacht erinnern, in der wir in eine Kneipe gerufen wurden. Jemand war gestürzt. Als wir eintrafen, war die Party noch in vollem Gange: Hoch die Hände, Wochenende! Vielleicht hätte ich mitgefeiert, wäre ich nicht im Dienst gewesen.

Wir bahnten uns den Weg durch die Feiernden und fanden auf der Treppe zu den Toiletten einen jungen Mann von etwa dreißig Jahren. Er war vermutlich gestolpert und kopfüber hinuntergefallen. Kein Bewusstsein, die Pupillen entrundet: Anzeichen für ein schweres Schädel-Hirn-Trauma. Der Patient wurde noch vor Ort intubiert und mithilfe der Feuerwehr in unseren Rettungswagen gebracht. Mit Blaulicht und einem unguten Gefühl im Bauch rasten wir zur nächsten Klinik. Das Schädel-CT offenbarte, was wir längst befürchtet hatten – und doch hofften, dass es anders sein würde: Der Mann würde nicht überleben.

Mit diesem Wissen und hängenden Köpfen gingen wir zurück zu unserem Fahrzeug. Da eilten seine Eltern auf uns zu und erkundigten sich, wo es zur Notaufnahme ginge, ihr Sohn wäre gerade eingeliefert worden. Sie fragten nicht, ob wir ihn gebracht hätten, und wir sagten ihnen nicht, was wir wussten. Es war, als würde das Unglück nicht wahr, solange man es nicht ausspricht. Mein Herz zog sich zusammen: Ich konnte den Schmerz, den die beiden gleich erfahren würden, nahezu spüren.

So ein Erlebnis macht nachdenklich. Ich stellte mir vor, wie ich, genau wie dieser junge Mann, morgens kerngesund aufwache und abends in die Kneipe fahre, unwissend, dass ich den nächsten Tag nicht erleben werde. Das ist schwer zu verdauen. Aber es schärft das eigene Bewusstsein dafür, wie kostbar jeder einzelne Tag ist.

Darum antworte ich jedes Mal auf die Frage, was ich mir zu Weihnachten oder zum Geburtstag wünsche: *Gesundheit.*

Dankbarkeit und Wertschätzung des Lebens sind wohl eine (positive) Nebenwirkung meines Jobs. Zudem ist dadurch mein Blick für potenzielle Gefahren geschärft (auf einhändige Stunts in vier Metern Höhe an einer Kletterwand kann ich beispielsweise verzichten) und ich tue manche Dinge einfach nicht (wie zum Beispiel die Ohren mit Wattestäbchen reinigen, das führt nur zur Verstopfung des Gehörgangs mit Ohrenschmalz). Was nicht bedeutet, dass man sich als Rettungsdienstler ängstlich aus allem raushält. Im Gegenteil. Zum einen wird man mit jedem Einsatz erneut ins kalte Wasser geworfen und kann kritische Momente gar nicht vermeiden. Zum anderen wächst das Selbstvertrauen enorm, wenn man wieder einen Einsatz unter haarsträubenden Bedingungen gemeistert hat.

Ich glaube, es gibt kaum einen Beruf, der so abwechslungsreich ist wie der Rettungsdienst. Man kommt morgens zur Arbeit und weiß nicht, was der Tag für einen bereithält. Stellen Sie sich vor, Ihr Terminkalender wäre voll, aber Sie hätten keine Ahnung, mit wem Sie sich wann wo und zu welchem Thema treffen. Klingt verrückt? Ist aber total spannend.

Unter Umständen steht man kurz nach Dienstbeginn mit zwei Rettungshubschraubern auf der Autobahn oder sichert eine Einsatzstelle ab, bei der ein nackter Mann, der sich für Jesus hält, Ziegelsteine von einem Dach wirft.

Wenn uns so etwas Skurriles passiert, zucken wir meist mit den Schultern und sagen: „Die Menschen wieder...!" Die Menschheit und manchmal auch das Schicksal kommen tagtäglich auf Wahnsinnsideen – und solange ihnen die nicht ausgehen, werden wir auf unseren Einsätzen immer wieder aufs Neue überrascht. Im Rettungsdienst hat man Einblicke in verschiedenste Arbeits- und Lebensbereiche und erhält damit einen umfassenden Blick auf die Gesellschaft. Der ist nicht immer schön. Aber wertvoll. Denn man sieht, wofür man sich einsetzen sollte, wo man niemals landen möchte und was man selbst für sich und seine Lieben vom Leben wünscht.

Vielleicht ist es diese fundierte Reflexion über die eigene Existenz oder die beiden Beine, mit denen wir fest auf dem Boden stehen, unsere Flexibilität, die wir in jedem Einsatz beweisen müssen, die Konzentrationsfähigkeit und das Arbeiten unter enormem Druck, was uns zu begehrten Arbeitnehmern macht. In Gesprächen mit der freien Wirtschaft habe ich bemerkt, dass der Rettungsdienst dort einen hohen Stellenwert genießt. So wollte ich seinerzeit ein Praktikum im Vertrieb für Sonderfahrzeuge bei einem großen Automobilkonzern machen. Ich bewarb mich und wurde zum Gespräch eingeladen. Mit dem Fachlichen waren wir schnell durch, denn die Fahrzeuge kannte ich in- und auswendig. Doch wie sah es mit meiner Fähigkeit aus, Kunden zu besänftigen, die verärgert sind, weil es beispielsweise Lieferschwierigkeiten gibt? Ich konnte diese Frage gut mit meiner Arbeit als Rettungssanitäter beantworten. Kunden nennen wir unsere Patienten zwar nicht, trotzdem lernt man im Rettungsdienst, um jede erdenkliche Uhrzeit mit verschiedensten Emotionen, Bildungsniveaus und Kulturkreisen umzugehen. Das reichte als Erklärung und wenige Tage später hatte ich die Zusage für das Praktikum im Briefkasten.

Auch bei der Wohnungssuche erwies sich meine Tätigkeit im Rettungsdienst als Türöffner. Ich konnte es selbst kaum glauben. Bei all den negativen Reaktionen, die uns im Dienst entgegenschlagen, bekommt man gar nicht mit, dass der Rettungsdienst offenbar doch einen guten Ruf in der Bevölkerung hat.

Wenn wir das nächste Mal von einem Betrunkenen angepöbelt werden, sollten wir uns daran erinnern, dass es viele Menschen gibt, die uns als *Lebensretter* sehen. Zwar würde sich kein Notfall- oder Rettungssanitäter selbst so bezeichnen. Doch wenn man sich die Fakten anschaut, dann ist es genau das, was wir tun: Nahezu jede Woche rettet jeder von uns Menschenleben. Warum also sollten wir nicht wenigstens ab und zu die goldene Seite der Lebensretter-Medaille selbstbewusst tragen? Denn die Schattenseiten sind schwarz genug. Der Tod ist unser ständiger Begleiter: Wenn man ein Jahr lang Rettungswagen gefahren ist, reichen zwei Hände nicht aus, um die Anzahl Verstorbener zu zählen. Das gehört zu unserem Job, selbstverständlich ist es dennoch nicht. Die emotionale Last, die wir tragen, wenn wir einen Patienten verlieren, verdient aus meiner Sicht vielleicht sogar noch größeren Respekt. Doch dafür dankt uns niemand. Denn die meisten Menschen ohne medizinischen Hintergrund können sich diese Belastung gar nicht vorstellen. Das erlebe ich an den Fragen, die mich über die sozialen Medien erreichen: Ob ich schon mal einen toten Menschen gesehen hätte oder wir einen Patienten „aufgeben" mussten. Ja, das gehört zu unserem Alltag: Leben retten, Leben verlieren.

Nicht viele werden täglich mit der Verletzlichkeit und der Endlichkeit des menschlichen Seins konfrontiert. Das durchzuhalten, ohne einzubrechen, ist für sich genommen eine Leistung und sollte uns mit Stolz erfüllen. Ich jedenfalls spreche allen Notfall- und Rettungskräften meine Wertschätzung aus: Ihr macht einen großartigen Job!

Ich kenne keinen Rettungsdienstler, der nicht über eine unbeschreibliche *Hands-on*-Mentalität verfügt. Wir packen an, egal wie kompliziert es scheint. Es gibt keine Hindernisse, nur Herausforderungen. Und auch wenn wir nicht alle Patienten retten können, geben wir doch unser Bestes und können am Ende des Tages ohne Wehmut auf unsere Dienstzeit zurückblicken und sagen: „Ich habe in meinem Leben etwas gemacht, was zählt!"

Was ich mindestens genauso an dem Beruf schätze, sind die Kollegen, die nicht selten zu sehr guten Freunden werden. Und selbst wenn man sich nicht mag, sind alle zwischenmenschlichen Differenzen vergessen, sobald man gemeinsam auf dem Rettungswagen sitzt: Im Dienst hält man zusammen, komme, was wolle. Dieser Gemeinschaftsgeist, wie ich es mal nennen möchte, ist einzigartig und gibt einem auf egal welcher Wache das Gefühl, zu Hause zu sein. Einer meiner Kollegen hat dafür sogar seine Karriere in der freien Wirtschaft aufgegeben. Er war ausgebildeter Notfallsanitäter und hatte später in einer naturwissenschaftlichen Disziplin promoviert. Auf meine Frage, warum er lieber RTW fährt, als das große Geld zu verdienen, antwortete er: „Ich hatte keine Lust mehr auf dieses Haifischbecken. Ständig muss man die Ellenbogen ausfahren, statt Kollegen hat man ein berufliches Netzwerk, es gibt Geschäftsessen, aber kein entspanntes Feierabendbier, bei dem man gemeinsam schimpft und lacht." Irgendwann, so sagte er, stand er draußen auf der Straße und sah sehnsüchtig jedem Rettungswagen hinterher, der vorbeifuhr. Ich kann ihn gut verstehen. Das ist der Spirit, die *Magie*, von der ich zu Beginn des Buches sprach.

Hinzu kommt, dass man keine Arbeit mit nach Hause nimmt. Erlebnisse ja, aber kein voller Schreibtisch, der die Urlaubsstimmung vermiest, keine Deadlines, die einen unruhig schlafen lassen. Und kein Chef, der ungefragt dazwischenfunkt: Im Einsatz entscheidet man selbst, was zu tun ist.

Auch ist der Beruf des Notfallsanitäters *krisensicher*. Menschenleben stehen immer hoch im Kurs, kein Börsencrash der Welt kann dies ändern. Der Rettungsdienst wird gebraucht, das hat man insbesondere in den letzten Jahren deutlich gespürt. So sind einige ehrenamtliche Sanitäter, die in der Pandemie ihren Job verloren, nun Vollzeit im Rettungsdienst beschäftigt. Als kritische Infrastruktur sind wir von Entlassungen und Kurzarbeit verschont geblieben. Zwar gab es keine Boni und auch kein Weihnachtsgeld, aber wir mussten uns zumindest nicht mit Existenzängsten herumschlagen. Im Gegenteil: Wir waren unterwegs, als für alle anderen das Leben stillstand. Auch wenn unser Beruf schwierig, anstrengend und manchmal auch beängstigend ist, so empfinde ich ihn doch auch als Privileg.

SCHLUSSWORT

Ich hoffe, ich konnte Ihnen einen realistischen Einblick in den Rettungsdienst geben und bewirken, dass Sie die Notfallversorgung in Deutschland nun mit anderen Augen sehen. Vielleicht lachen Sie jetzt nicht mehr über schräge Einsatzgeschichten, die man an jeder Ecke hört oder liest, sondern finden es wie ich traurig, dass dafür überhaupt ein Rettungswagen gerufen wurde.

Vielleicht stimmen Sie meinen Überlegungen zu, vielleicht sehen Sie Grenzen in meinen Forderungen: Alles ist willkommen, solange wir nicht aufhören, über den Rettungsdienst zu sprechen.

Ich habe gar nicht den Anspruch, dass meine Lösungsansätze der Weisheit letzter Schluss sind, noch glaube ich, dass sie jedem Rettungsdienstbereich in Deutschland gerecht werden. Mir geht es vielmehr darum, eine Grundlage zu schaffen, auf der man diskutieren kann. Fangen wir gleich damit an: Gern dürfen Sie mir Ihre Meinung an luis@retterview.de oder an meinen Instagram-Account @5_sprechwunsch schreiben – ich freue mich darauf!

Ebenso freue ich mich über jeden Rettungsdienstler, der dieses Buch gelesen hat, denn ich habe es für euch geschrieben! Nach meinem Aufruf „Wer rettet den Rettungsdienst?" sprach mich ein junger Notfallsanitäter an: „Das Video hat mir echt gut gefallen! Kannst du nicht noch mehr tun, damit die Zustände besser werden?"

Ich allein kann das nicht. Aber gemeinsam können wir etwas bewegen: Es wird Zeit, den Rettungsdienst einmal auf links zu drehen. Für jeden einzelnen Kollegen, aber vor allem für alle Leute da draußen, die auf uns zählen!

DANKE

ch möchte einigen Menschen danken, die mich auf meinem Lebensweg begleitet haben: An erster Stelle meiner Familie für die Unterstützung und Zuwendung in all den Jahren. Laura fürs immer Dasein. Meinem besten Freund Konstantin. Meinem Podcast-Co-Star Christian Manshen aka samy.splint für die tolle Zusammenarbeit, auch wenn es mal kriselt. Sascha, einem der besten Notfallsanitäter, die ich bis dato kennenlernen durfte. Sowohl beruflich als auch privat habe ich immer eine gute Zeit mit dir! Der Johanniter-Unfall-Hilfe: insbesondere dem Bundesvorstand Jörg Lüssem für eine sehr inspirierende Podcastfolge und Benjamin Kobelt für den stets konstruktiven Diskurs und Rat in allen Belangen. Meinem damaligen Lehrrettungsassistenten Guido für die wirklich exzellente Praxisanleitung, die mich bis heute prägt. All meinen Kollegen und Kolleginnen für die vielen interessanten Gespräche, die tollen Dienste und den stetigen Input. Meiner Ghostwriterin Alexandra möchte ich für die wirklich sehr gute und besondere Zusammenarbeit auch auf zwischenmenschlicher Ebene danken. Sören, wir vermissen dich.

QUELLEN

ENDNOTEN

1 https://de.statista.com/statistik/daten/studie/520484/umfrage/sozialversicherungspflichtig-beschaeftigte-im-rettungsdienst-in-deutschland/

2 § 19 Abs. 1 der Vergabeverordnung NRW

3 https://www.rettungsdienst-shop.de/produkt/anwendung-der-methoden-und-modelle-der-zeitreihenanalyse-auf-die-stuendliche-einsatznachfrage-im-koelner-rettungsdienst/

4 https://www.gesetze-im-internet.de/notsang/__2a.html

5 https://www.gesetze-im-internet.de/notsang/__4.html

6 https://www.much-heute.de/b591.html

7 https://de.statista.com/statistik/daten/studie/482380/umfrage/einsatzfahrtaufkommen-im-oeffentlichen-rettungsdienst-nach-einsatzart/#:~:text=Die%20Statistik%20zeigt%20das%20Einsatzfahrtaufkommen,5%2C54%20Millionen%20Notarzteins%C3%A4tze%20registriert

8 https://www.rbb24.de/politik/beitrag/2021/11/rettungsdienste-berlin-ueberlastet-ausnahmezustand.html

9 https://de.statista.com/statistik/daten/studie/520484/umfrage/sozialversicherungspflichtig-beschaeftigte-im-rettungsdienst-in-deutschland/

10 https://www.gesetze-im-internet.de/sgb_5/__133.html

11 https://initiative-gesundheitswirtschaft.org/fakten-zum-rettungsdienst/#:~:text=Hilfsorganisationen%20(80%25%20Marktanteile%20Hilfsorganisationen%20(,und%20MHD%20jeweils%20rund%207%25.

12 https://crisis-prevention.de/katastrophenschutz/psychische-stabilitaet-resilienz-im-rettungsdienst.html

13 https://www.dimdi.de/static/de/klassifikationen/icd/icd-10-gm/kode-suche/htmlgm2015/block-f40-f48.htm

14 https://www.bund-verlag.de/aktuelles~Psychische-Belastung-ist-keine-Berufskrankheit~.html

15 https://www.dgkj.de/eltern/dgkj-elterninformationen/elterninfo-fieberkrampf

16 https://www.kinderaerzte-im-netz.de/krankheiten/pseudokrupp-stenosierende-laryngitis/

17 https://www.kindernotfall-bonn.de/sids-ploetzlicher-kindstod/

18 https://www.sicherer-rettungsdienst.de/rettungswache/taetigkeiten/rueckenbelastung-im-rettungsdienst

19 https://www.aerztezeitung.de/Politik/Viele-Pflegekraefte-gehen-krank-zur-Arbeit-423574.html

20 https://www.feuerwehrmagazin.de/nachrichten/news/zwei-feuerwehrleute-sterben-auf-der-a2-73637

21 RETTUNGSDIENST 2021, 44(12), S. 12-15

22 https://de.statista.com/statistik/daten/studie/1267434/umfrage/gewalt-gegen-feuerwehr-und-rettungsdienste/#:~:text=Bei%20Rettungseins%C3%A4tzen%20werden%20Ersthelferinnen%20und,Delikte%20auf%20sonstige%20Rettungskr%C3%A4fte%20registriert.

23 https://www.aerzteblatt.de/nachrichten/116018/Angriffe-auf-Rettungsdienste-auf-Rekordniveau

24 https://www.aerzteblatt.de/nachrichten/121309/DRK-Studie-Uebergriffe-gehoeren-im-Rettungsdienst-zum-Alltag

25 https://www.aerzteblatt.de/nachrichten/130728/Neues-Meldesystem-fuer-Gewalt-gegen-Einsatzkraefte-in-Nordrhein-Westfalen

26 https://www.inpass.de/fileadmin/user_upload/Rall_CRM_in_Moecke_QM_im_Rettungsdienst_Kap.8.pdf

27 https://gesundheitsdaten.kbv.de/cms/html/16396.php

28 https://de.statista.com/statistik/daten/studie/482380/umfrage/einsatzfahrtaufkommen-im-oeffentlichen-rettungsdienst-nach-einsatzart/

29 https://de.statista.com/statistik/daten/studie/2861/umfrage/entwicklung-der-gesamtbevoelkerung-deutschlands/

30 https://de.statista.com/statistik/daten/studie/157050/umfrage/bettenauslastung-in-deutschen-krankenhaeusern-seit-1998/

31 https://www.gesetze-im-internet.de/stgb/__145.html

32 https://jugendrotkreuz.de/die-themenfelder/erste-hilfe-und-notfalldarstellung/schulsanis

33 https://www.gemeindenotfallsanitaeter.de

34 https://www.mdr.de/geschichte/ddr/politik-gesellschaft/gesundheit/gemeindeschwestern-gesundheitssystem-versorgung-102.html

35 https://www.aerzteblatt.de/nachrichten/130570/Anfragen-bei-116117-regelrecht-explodiert

36 https://www.aerzteblatt.de/nachrichten/124143/Hausaerztemangel-droht-sich-vielerorts-zu-verschaerfen

37 https://www.116117.de/de/terminservice.php

38 https://www.handelsblatt.com/politik/deutschland/desi-erhebung-daenemark-ist-der-neue-digitalisierung-champion-der-eu-sieben-zahlen-die-zeigen-wo-deutschland-steht/27794488.html?ticket=ST-10096143-AsgzKWzlncKYZ7GjW3g0-ap1

39 https://www.sueddeutsche.de/digital/datenschutz-london-verbietet-datensammelnde-muelleimer-1.1745551

40 https://www.gesetze-im-internet.de/mpbetreibv/__4.html

41 9 https://www.stern.de/wirtschaft/job/fluglotse--so-hoch-ist-das-gehalt-bei-der-deutschen-flugsicherung-8800228.html

42 https://www.aerzteblatt.de/archiv/223182/Kommerzialisierung-Entmenschlichung-der-Medizin

43 https://gesundheitsdaten.kbv.de/cms/html/17069.php#:~:text=Ausgaben%20f%C3%BCr%20Rettungswagen%2C%20Taxi%20und%20Co%20steigen&text=Im%20Jahr%202019%20hat%20die,Milliarden%20Euro%20f%C3%BCr%20Fahrtkosten%20ausgegeben.&text=Rund%2044%20%25%20der%20Ausgaben%20entfielen,11%20%25.

44 https://www.youtube.com/watch?v=YLR3cJ7PjuY

45 https://www.rettungsdienst.de/news/neues-tragensystem-fur-den-rettungsdienst-22375

46 https://www.bsg.bund.de/SharedDocs/Verhandlungen/DE/2021/2021_05_06_B_02_U_11_20_R.html

47 https://www.umweltbundesamt.de/themen/verkehr-laerm/laermwirkung/stressreaktionen-herz-kreislauf-erkrankungen#hoheres-herzinfarkt-risiko

48 https://www.az-online.de/isenhagener-land/hankensbuettel/winter-kalt-sommer-heiss-892083.html

49 https://www.fertighauswelt.de/anbieter/meisterstueck-haus/haus-meisterstuck-haus-drk-rettungswache.html

50 https://www.land.nrw/pressemitteilung/meldesystem-fuer-gewalt-gegen-einsatzkraefte-imeg-portalgeht-den-start

51 https://www.rbb24.de/panorama/beitrag/2021/08/berlin-feuerwehr-startet-kampagne-fuer-notruf-112.html

52 https://blog.hootsuite.com/de/social-media-statistiken/#Allgemeine_Social-Media-Statistiken_zur_Demografie

53 https://www.youtube.com/watch?v=AHW-QoASCpU

54 https://www.reanimationsregister.de/docman/oeffentliche-jahresberichte/rettungsdienst/168-oeffentlicher-jahresbericht-2019/file.html